1 Rechne zu jedem Bild die Plusaufgabe und die Malaufgabe.

a)

2

1 · 2 = ___

2 + 2 = ___

2 · 2 = ___

2 + 2 + 2 = ___

3 · 2 = ___

b)

5

___ · 5 = ___

5 + 5 = ___

___ · 5 = ___

5 + 5 + 5 = ___

___ · 5 = ___

c)

6

___ · 6 = ___

6 + 6 = ___

___ · 6 = ___

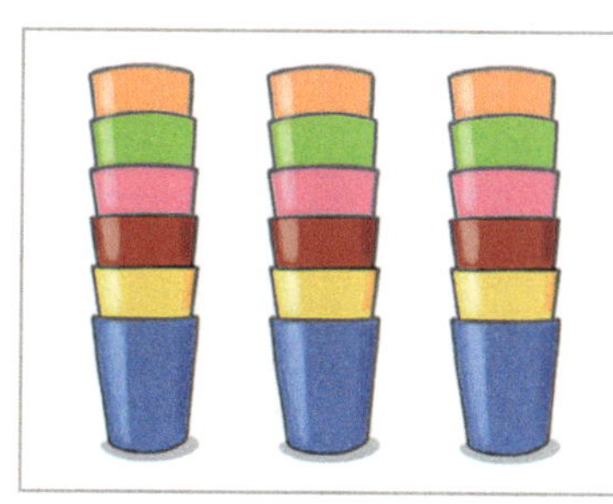

6 + 6 + 6 = ___

___ · 6 = ___

QR-Code: Erklärvideo nutzen.

1 a)

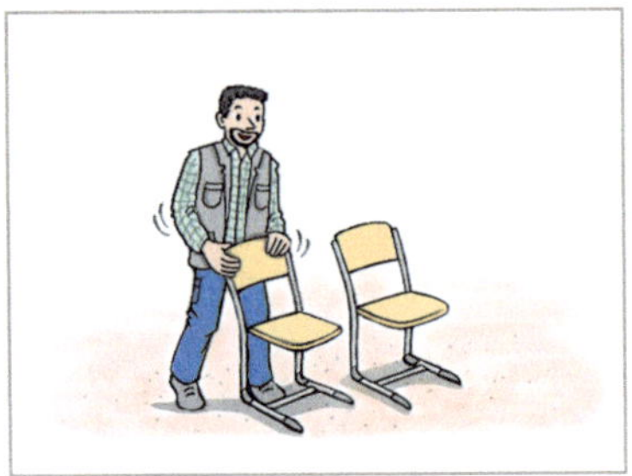

1 · 2 = 2

2 + 2 = ___
___ · 2 = ___

2 + 2 + 2 = ___
___ · 2 = ___

b)

___ · 3 = 3

3 + 3 = ___
___ · 3 = ___

3 + 3 + 3 = ___
___ · 3 = ___

c)

___ · 4 = 4

4 + 4 = ___
___ · 4 = ___

4 + 4 + 4 = ___
___ · 4 = ___

QR-Code: Erklärvideo nutzen.

1 a)

Plusaufgabe: 2 + 2 + 2 = ____

Malaufgabe: 3 · 2 = ____

b)

Plusaufgabe: 2 + 2 + 2 + 2 = ____

Malaufgabe: ____ · 2 = ____

c)

Plusaufgabe: 2 + 2 = ____

Malaufgabe: ____ · 2 = ____

d)

Plusaufgabe: 2 + 2 + 2 + 2 + 2 = ____

Malaufgabe: ____ · 2 = ____

2 a)

Plusaufgabe: 3 + 3 = ____

Malaufgabe: ____ · 3 = ____

b)

Plusaufgabe: 3 + 3 + 3 = ____

Malaufgabe: ____ · 3 = ____

c)

Plusaufgabe: 3 + 3 + 3 + 3 = ____

Malaufgabe: ____ · 3 = ____

d)

Plusaufgabe: 3 + 3 + 3 + 3 + 3 = ____

Malaufgabe: ____ · 3 = ____

Multiplizieren
Addieren gleicher Summanden

1 a)

Plusaufgabe: 5 + 5 = ____

Malaufgabe: 2 · 5 = ____

b)

Plusaufgabe: 5 + 5 + 5 = ____

Malaufgabe: ____ · 5 = ____

c)

Plusaufgabe: 5 + 5 + 5 + 5 = ____

Malaufgabe: ____ · 5 = ____

d)

Plusaufgabe: 5 + 5 + 5 + 5 + 5 = ____

Malaufgabe: ____ · 5 = ____

2 a)

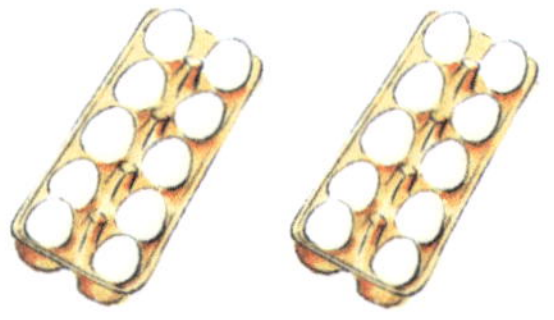

Plusaufgabe: 10 + 10 = ____

Malaufgabe: ____ · 10 = ____

b)

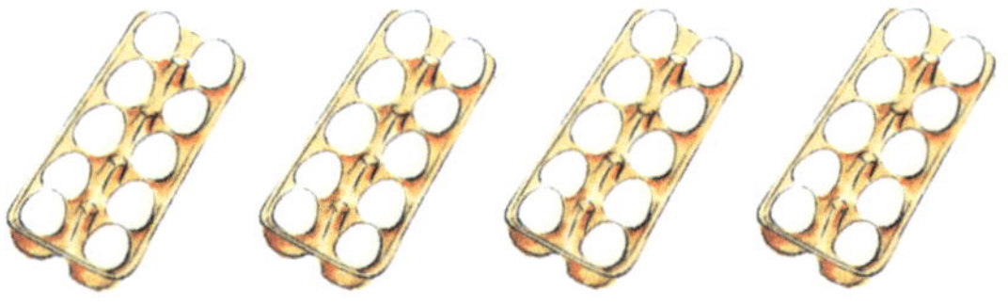

Plusaufgabe: 10 + 10 + 10 + 10 = ____

Malaufgabe: ____ · 10 = ____

c)

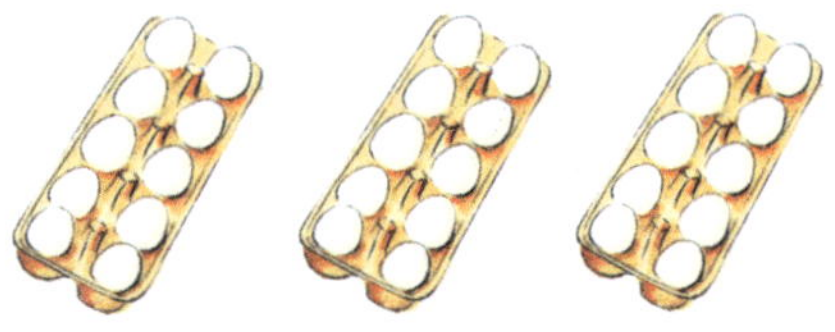

Plusaufgabe: 10 + 10 + 10 = ____

Malaufgabe: ____ · 10 = ____

d)

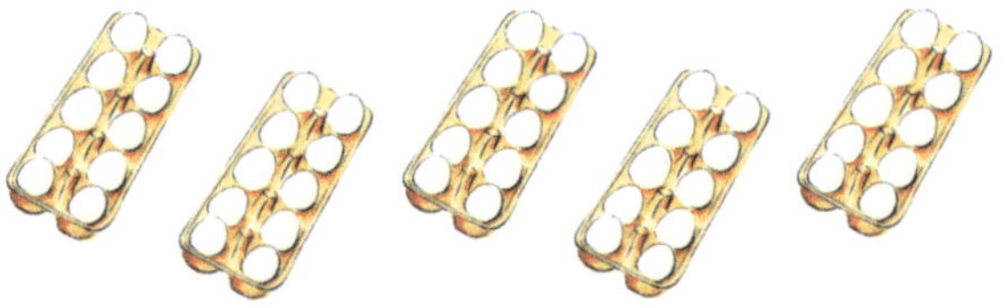

Plusaufgabe: 10 + 10 + 10 + 10 + 10 = ____

Malaufgabe: ____ · 10 = ____

1

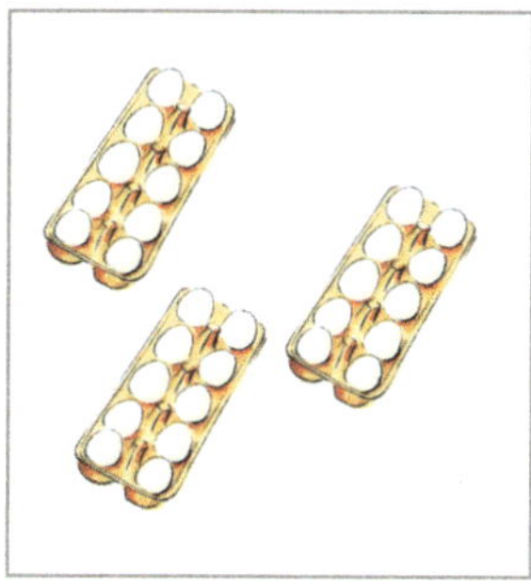

10 + 10 = ____
2 · 10 = ____

10 + 10 + 10 = ____
3 · 10 = ____

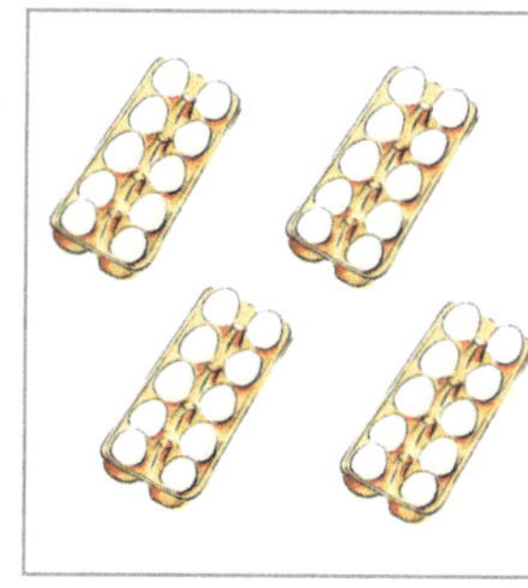

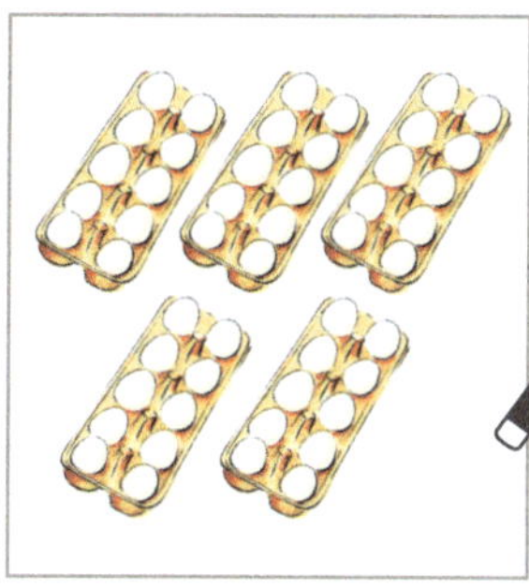

10 + 10 + 10 + 10 = ____
___ · 10 = ____

10 + 10 + 10 + 10 + 10 = ____
___ · 10 = ____

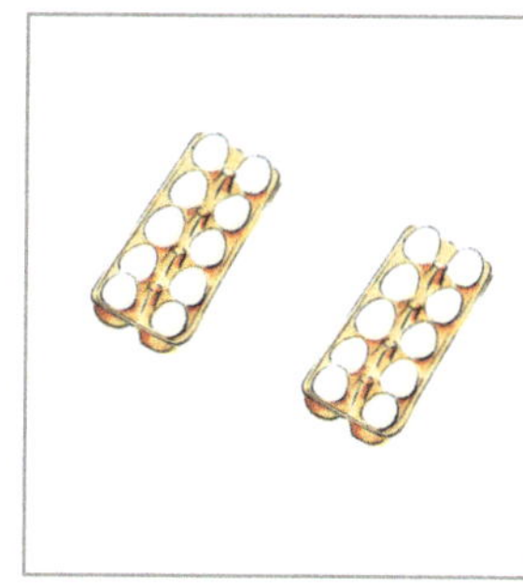

2

3 + 3 = ____
___ · 3 = ____

3 + 3 + 3 = ____
___ · 3 = ____

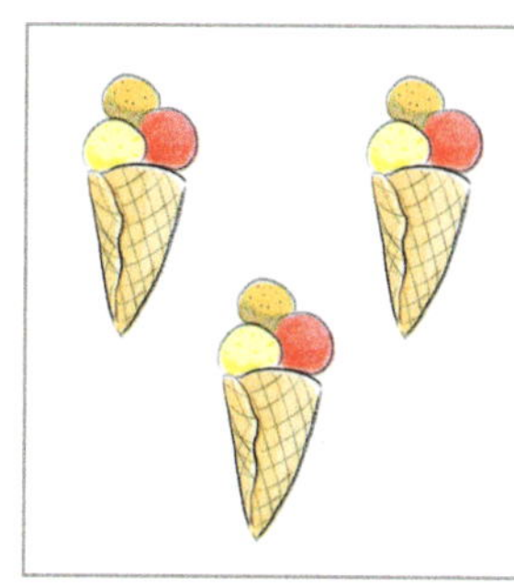

3 + 3 + 3 + 3 = ____
___ · 3 = ____

3 + 3 + 3 + 3 + 3 = ____
___ · 3 = ____

Passende Darstellungen miteinander verbinden. Ergebnisse eintragen.

Addieren gleicher Summanden

1

2 + 2 = ____

____ · 2 = ____

2 + 2 + 2 = ____

____ · 2 = ____

2 + 2 + 2 + 2 = ____

____ · 2 = ____

2 + 2 + 2 + 2 + 2 = ____

____ · 2 = ____

2

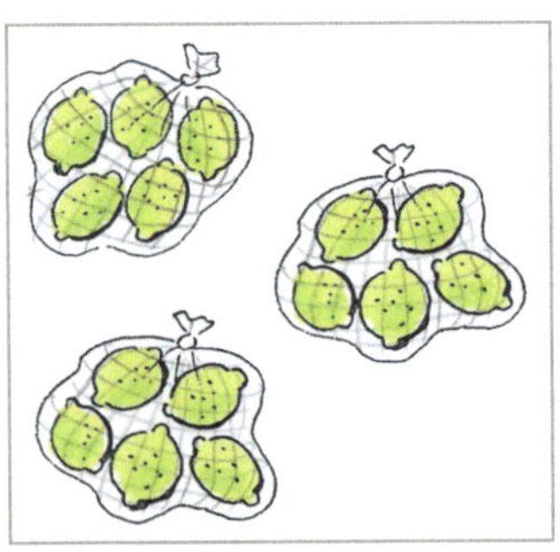

5 + 5 = ____

____ · 5 = ____

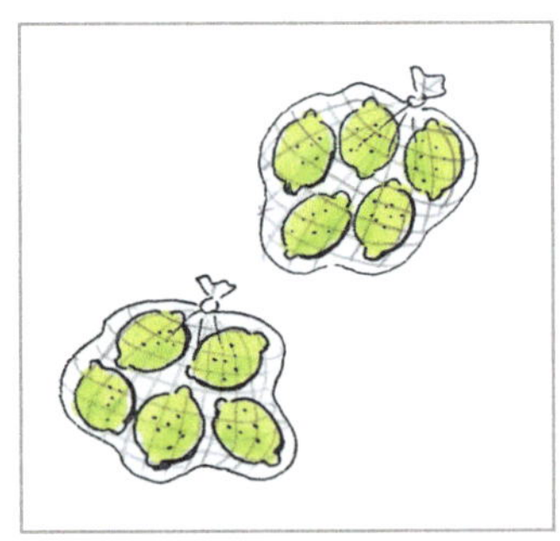

5 + 5 + 5 = ____

____ · 5 = ____

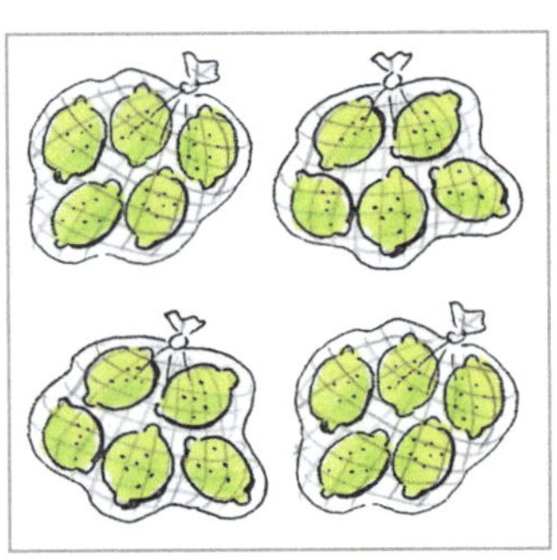

5 + 5 + 5 + 5 = ____

____ · 5 = ____

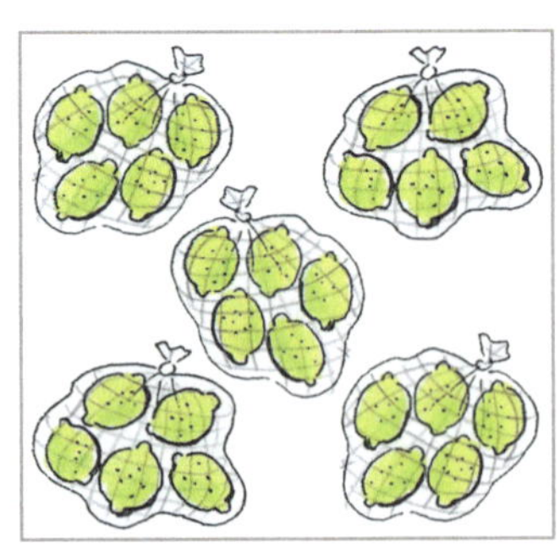

5 + 5 + 5 + 5 + 5 = ____

____ · 5 = ____

Passende Darstellungen miteinander verbinden.
Ergebnisse eintragen.

Multiplizieren
Addieren gleicher Summanden

1

2 + 2 + 2 = ____
____ · 2 = ____

3 + 3 = ____
____ · 3 = ____

3 + 3 + 3 + 3 = ____
____ · 3 = ____

4 + 4 + 4 = ____
____ · 4 = ____

2

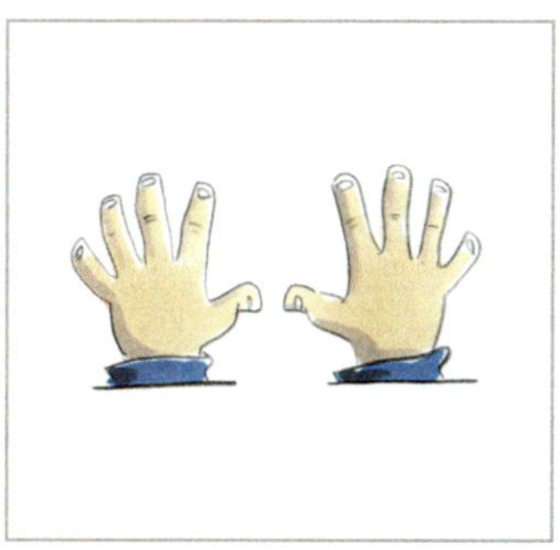

5 + 5 = ____
____ · 5 = ____

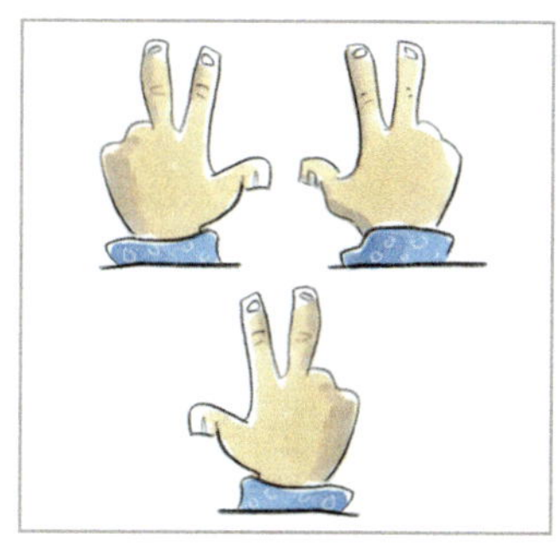

4 + 4 = ____
____ · 4 = ____

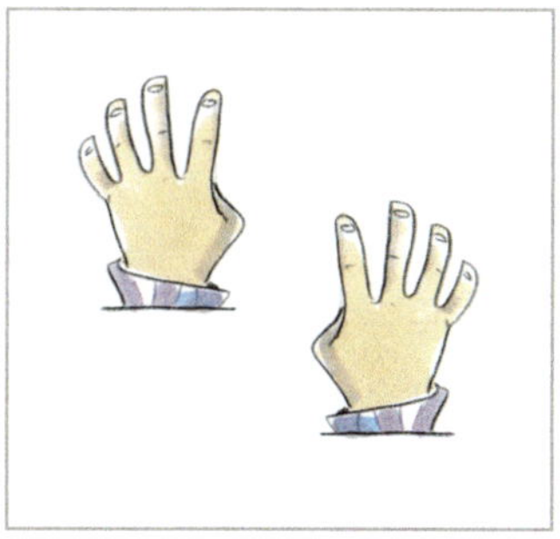

3 + 3 + 3 = ____
____ · 3 = ____

2 + 2 + 2 + 2 + 2 = ____
____ · 2 = ____

Passende Darstellungen miteinander verbinden.
Ergebnisse eintragen.

1 Rechne zu jedem Bild die Plusaufgabe und die Malaufgabe.

a)

Plusaufgabe: 2 + 2 = _____

Malaufgabe: ____ · 2 = _____

Plusaufgabe: 1 + 1 = _____

Malaufgabe: ____ · 1 = _____

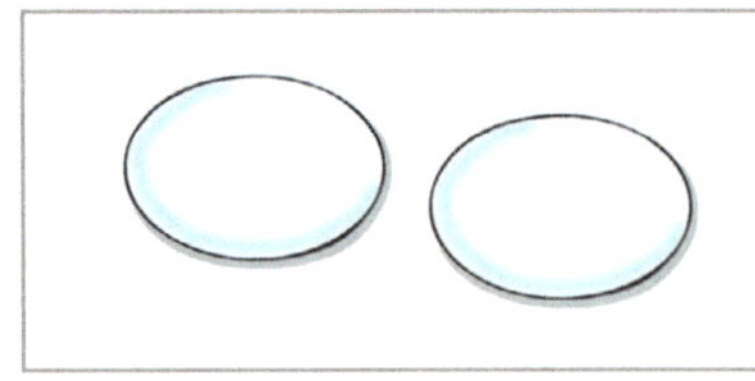

Plusaufgabe: 0 + 0 = _____

Malaufgabe: ____ · 0 = _____

b)

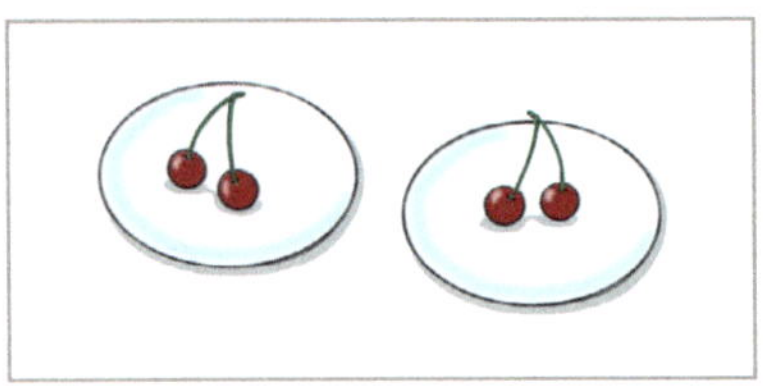

Plusaufgabe: 2 + 2 = _____

Malaufgabe: ____ · 2 = _____

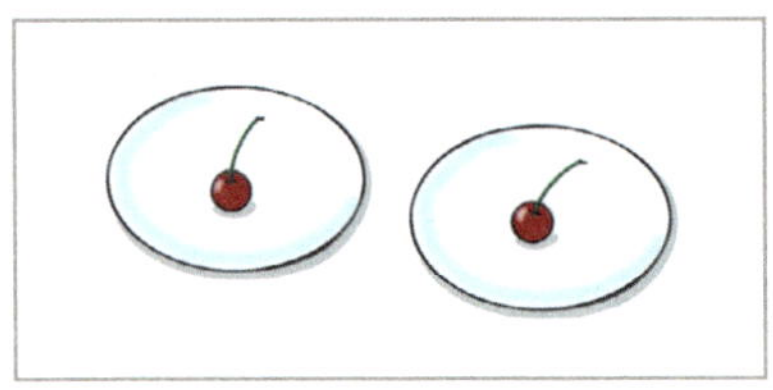

Plusaufgabe: 1 + 1 = _____

Malaufgabe: ____ · 1 = _____

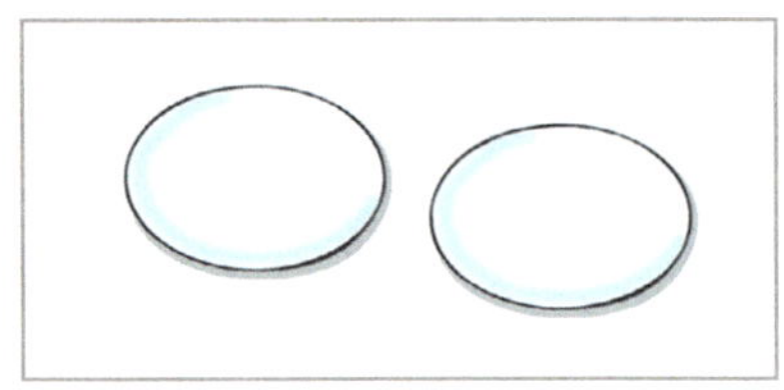

Plusaufgabe: 0 + 0 = _____

Malaufgabe: ____ · 0 = _____

c)

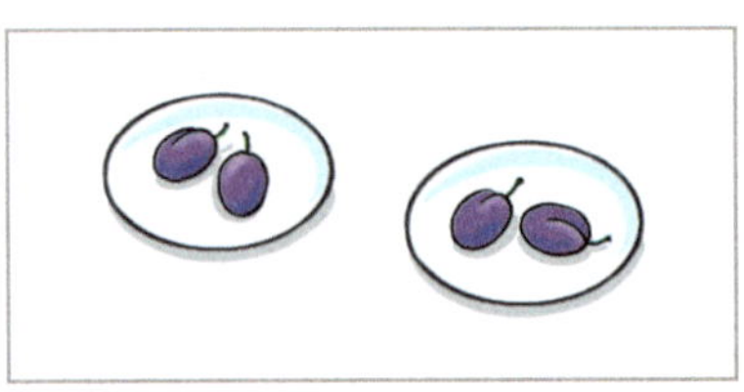

Plusaufgabe: 2 + 2 = _____

Malaufgabe: ____ · 2 = _____

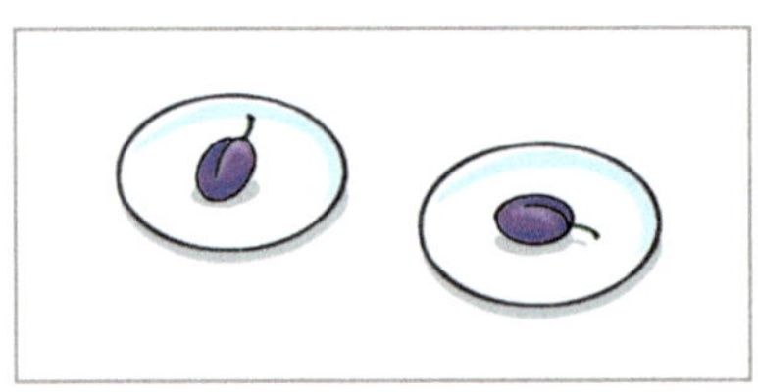

Plusaufgabe: 1 + 1 = _____

Malaufgabe: ____ · 1 = _____

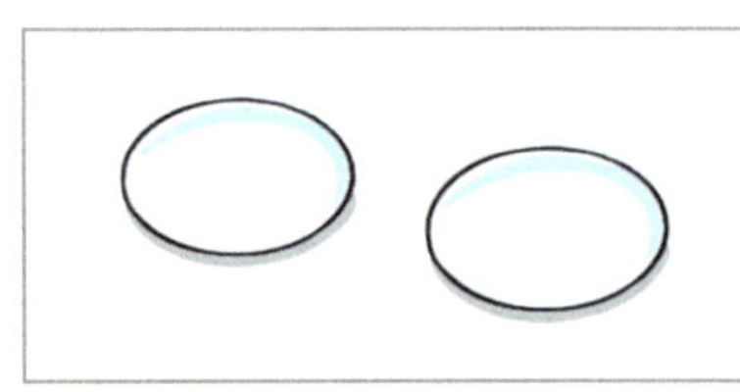

Plusaufgabe: 0 + 0 = _____

Malaufgabe: ____ · 0 = _____

d)

Plusaufgabe: 2 + 2 = _____

Malaufgabe: ____ · 2 = _____

Plusaufgabe: 1 + 1 = _____

Malaufgabe: ____ · 1 = _____

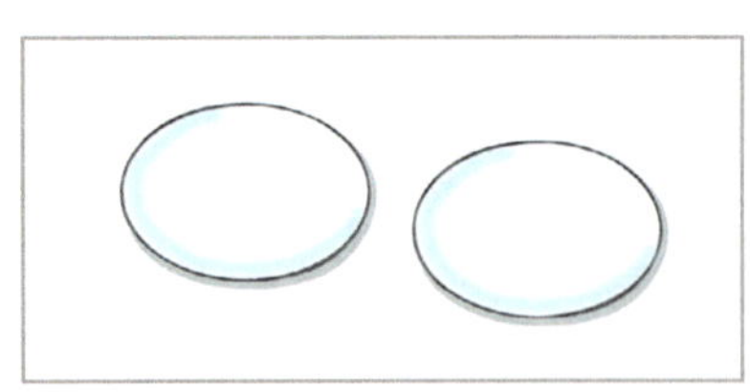

Plusaufgabe: 0 + 0 = _____

Malaufgabe: ____ · 0 = _____

1 Rechne zu jedem Bild die Plusaufgabe und die Malaufgabe.

a)

Plusaufgabe: 2 + 2 + 2 = ___

Malaufgabe: ___ · 2 = ___

Plusaufgabe: 1 + 1 + 1 = ___

Malaufgabe: ___ · 1 = ___

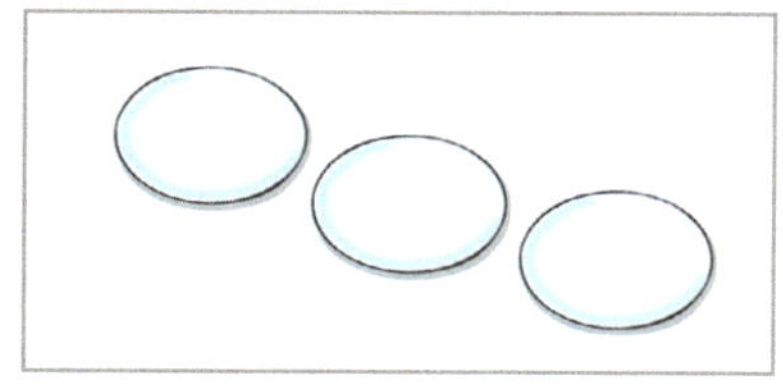

Plusaufgabe: 0 + 0 + 0 = ___

Malaufgabe: ___ · 0 = ___

b)

Plusaufgabe: 2 + 2 + 2 = ___

Malaufgabe: ___ · 2 = ___

Plusaufgabe: 1 + 1 + 1 = ___

Malaufgabe: ___ · 1 = ___

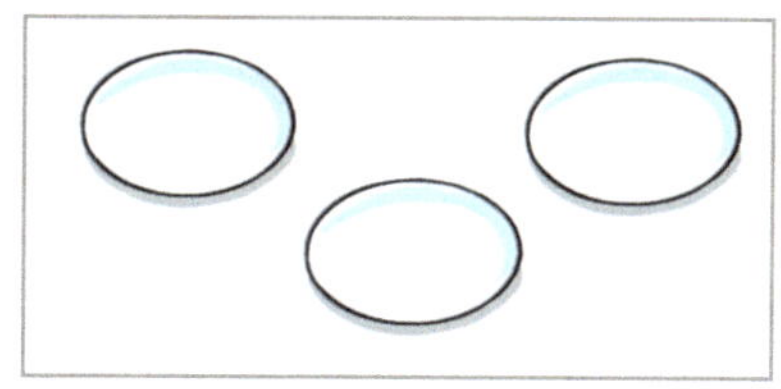

Plusaufgabe: 0 + 0 + 0 = ___

Malaufgabe: ___ · 0 = ___

c)

Plusaufgabe: 2 + 2 + 2 = ___

Malaufgabe: ___ · 2 = ___

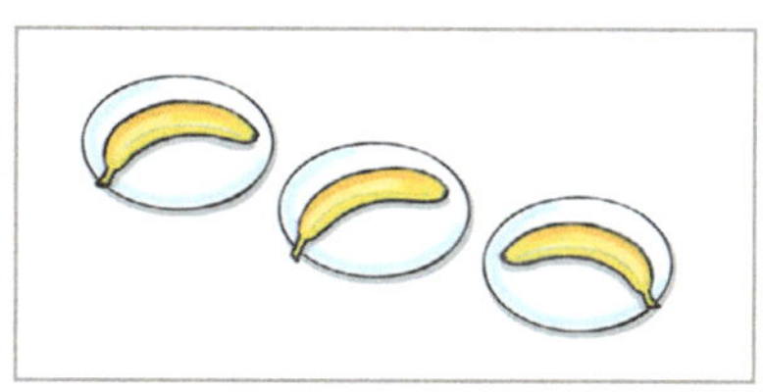

Plusaufgabe: 1 + 1 + 1 = ___

Malaufgabe: ___ · 1 = ___

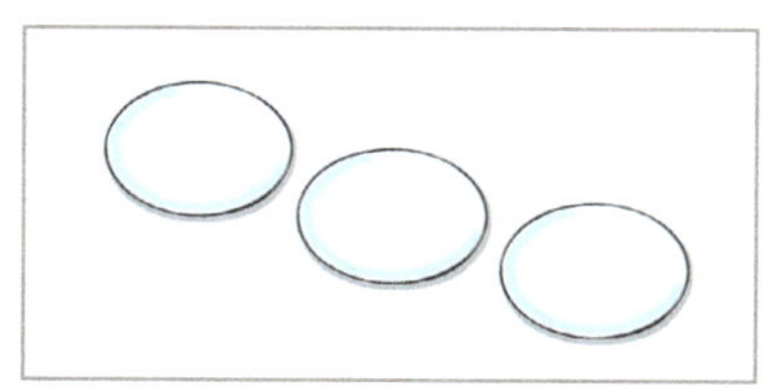

Plusaufgabe: 0 + 0 + 0 = ___

Malaufgabe: ___ · 0 = ___

d)

Plusaufgabe: 2 + 2 + 2 = ___

Malaufgabe: ___ · 2 = ___

Plusaufgabe: 1 + 1 + 1 = ___

Malaufgabe: ___ · 1 = ___

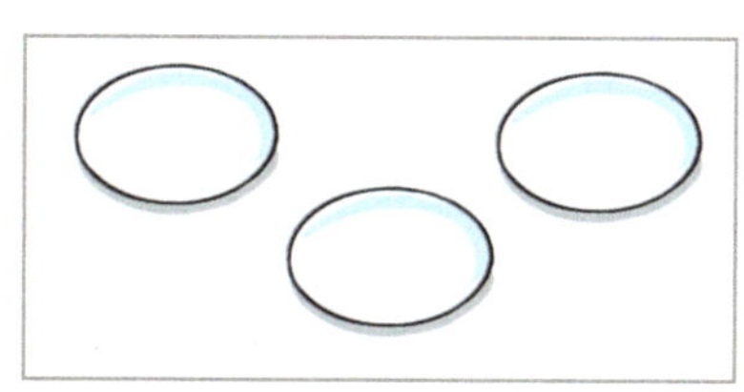

Plusaufgabe: 0 + 0 + 0 = ___

Malaufgabe: ___ · 0 = ___

Multiplizieren

Einmaleins mit 1 und 0

1 Rechne zu jedem Bild die Plusaufgabe und die Malaufgabe.

a)

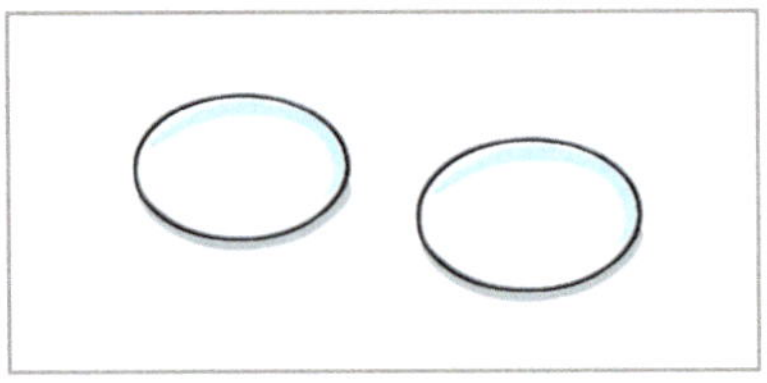

$0 + 0 =$ ____

____ $\cdot\ 0 =$ ____

$1 + 1 =$ ____

____ $\cdot\ 1 =$ ____

$2 + 2 =$ ____

____ $\cdot\ 2 =$ ____

b)

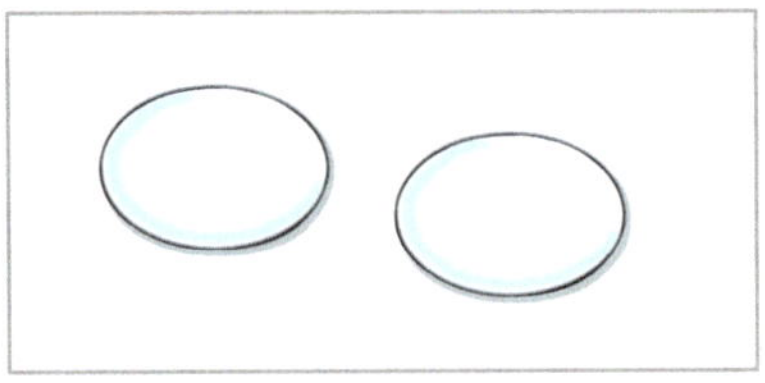

$0 + 0 =$ ____

____ $\cdot\ 0 =$ ____

$1 + 1 =$ ____

____ $\cdot\ 1 =$ ____

$2 + 2 =$ ____

____ $\cdot\ 2 =$ ____

c)

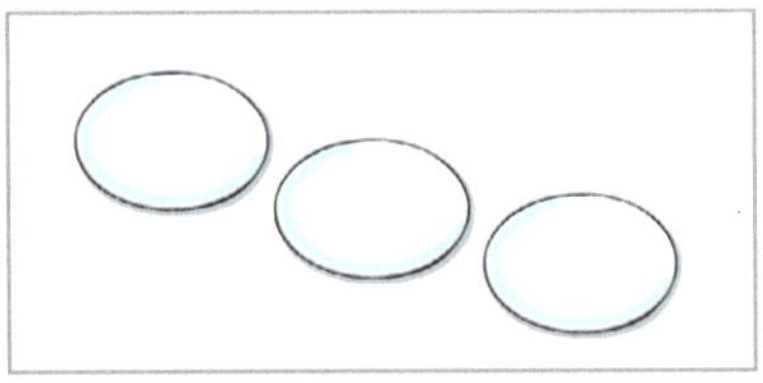

$0 + 0 + 0 =$ ____

____ $\cdot\ 0 =$ ____

$1 + 1 + 1 =$ ____

____ $\cdot\ 1 =$ ____

$2 + 2 + 2 =$ ____

____ $\cdot\ 2 =$ ____

d)

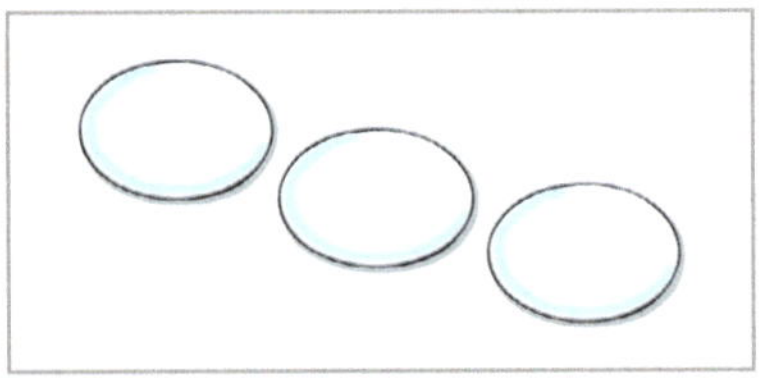

$0 + 0 + 0 =$ ____

____ $\cdot\ 0 =$ ____

$1 + 1 + 1 =$ ____

____ $\cdot\ 1 =$ ____

$2 + 2 + 2 =$ ____

____ $\cdot\ 2 =$ ____

1 Rechne die Plusaufgabe und die Malaufgabe.

a)

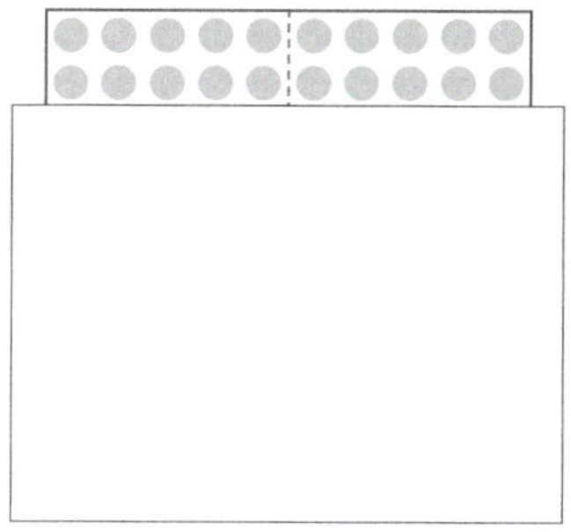

10 + 10 = ___

2 · 10 = ___

b)

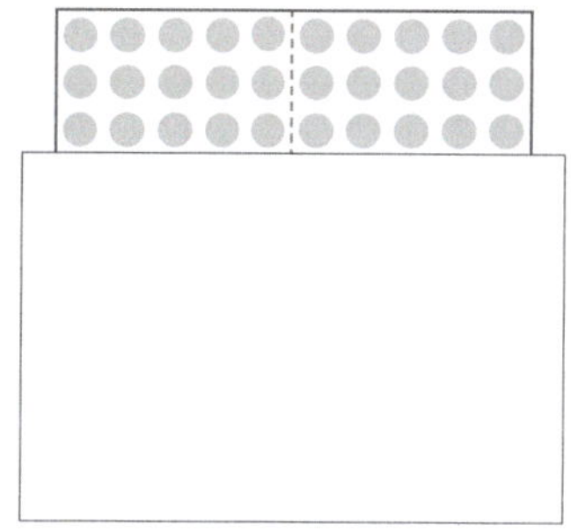

10 + 10 + 10 = ___

___ · 10 = ___

c)

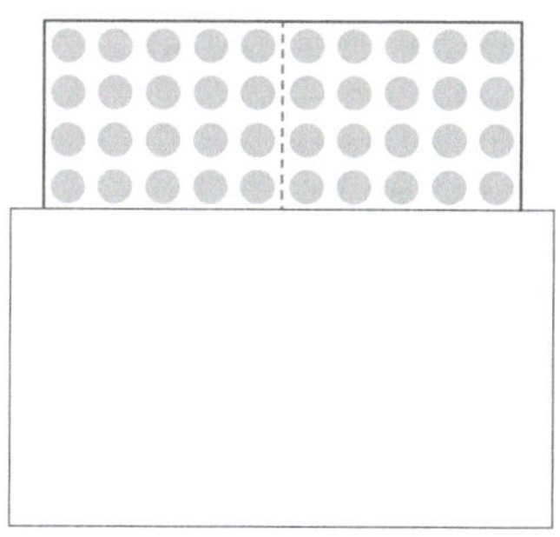

10 + 10 + 10 + 10 = ___

___ · 10 = ___

d)

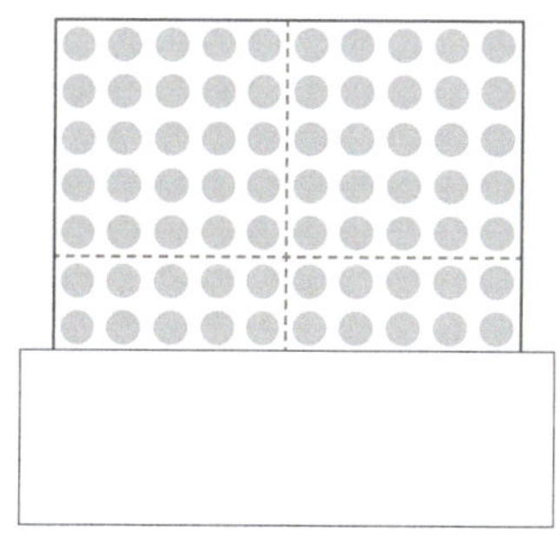

10 + 10 + 10 + 10 + 10 + 10 + 10 = ___

___ · 10 = ___

e)

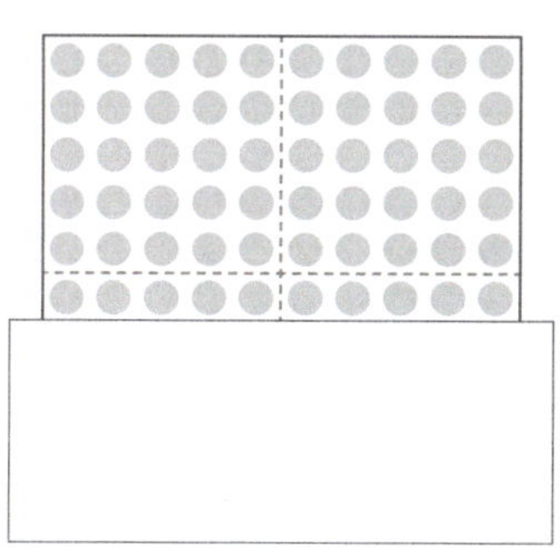

10 + 10 + 10 + 10 + 10 + 10 = ___

___ · 10 = ___

f)

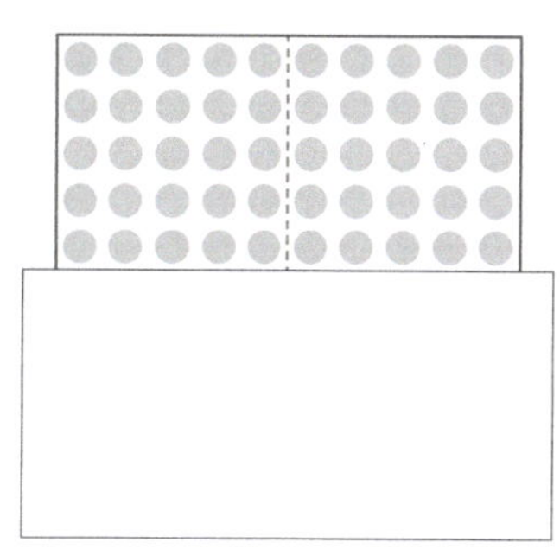

10 + 10 + 10 + 10 + 10 = ___

___ · 10 = ___

QR-Code: Erklärvideo nutzen.

1 Rechne die Plusaufgabe und die Malaufgabe.

a)

2 + 2 = ____

2 · 2 = ____

b)

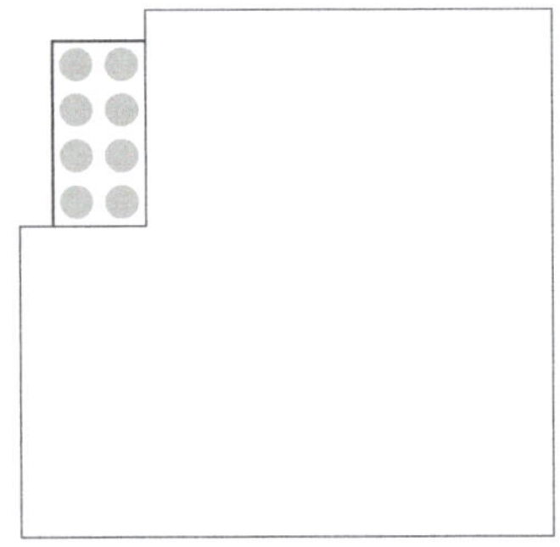

2 + 2 + 2 + 2 = ____

____ · 2 = ____

c)

3 + 3 = ____

____ · 3 = ____

d)

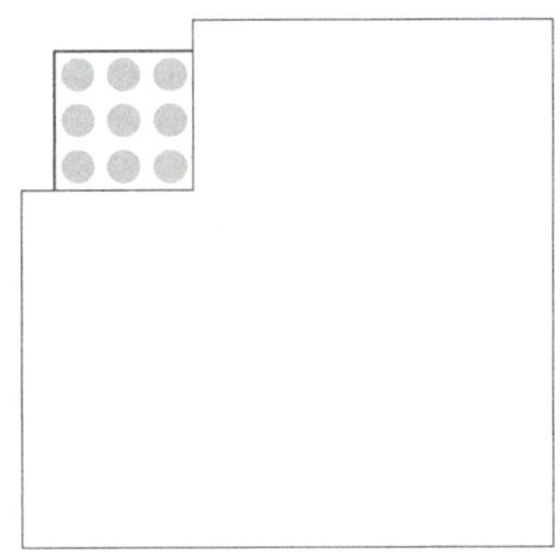

3 + 3 + 3 = ____

____ · 3 = ____

e)

4 + 4 = ____

____ · 4 = ____

f)

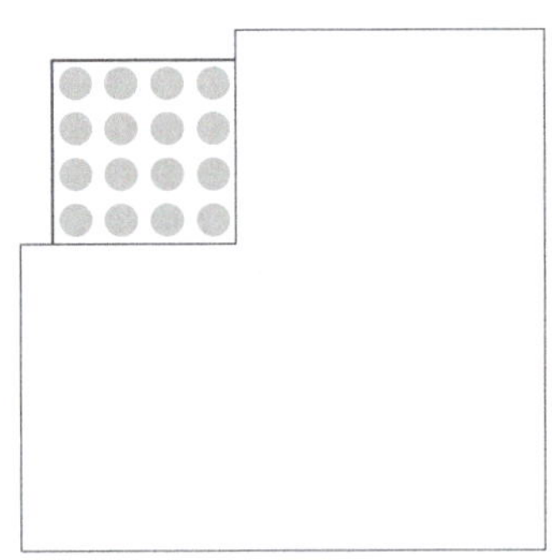

4 + 4 + 4 + 4 = ____

____ · 4 = ____

QR-Code: Erklärvideo nutzen.

1 Rechne die Plusaufgabe und die Malaufgabe.

a)

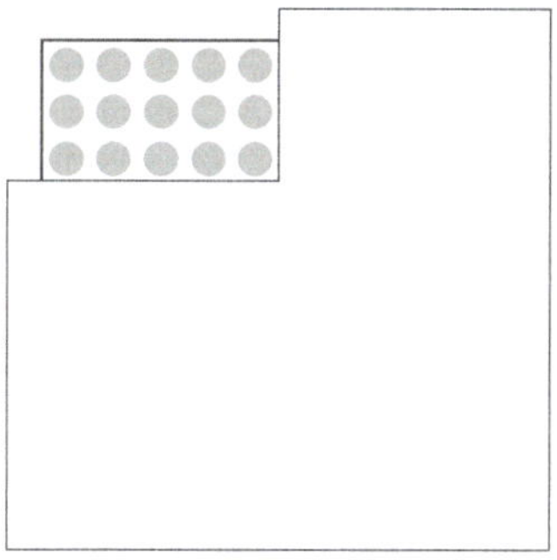

$5 + 5 + 5 =$ ____

$3 \cdot 5 =$ ____

b)

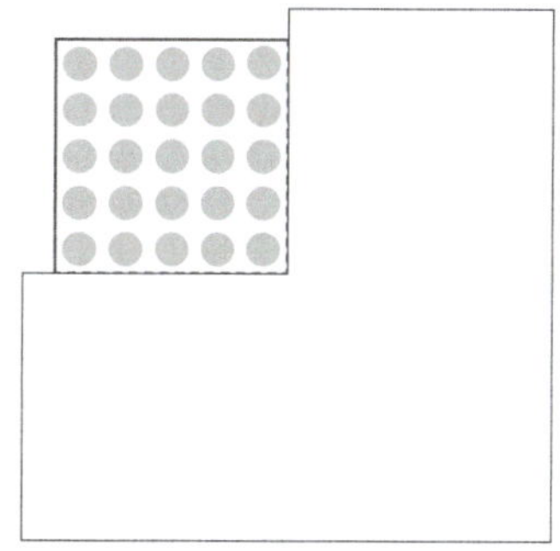

$5 + 5 + 5 + 5 + 5 =$ ____

____ $\cdot\ 5 =$ ____

c)

$3 + 3 + 3 + 3 =$ ____

____ $\cdot\ 3 =$ ____

d)

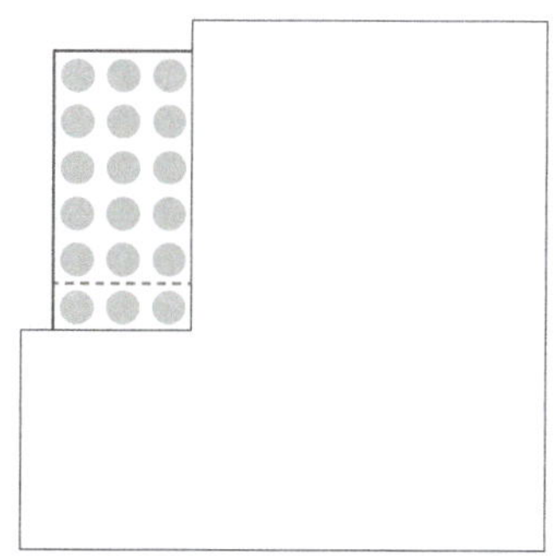

$3 + 3 + 3 + 3 + 3 + 3 =$ ____

____ $\cdot\ 3 =$ ____

e)

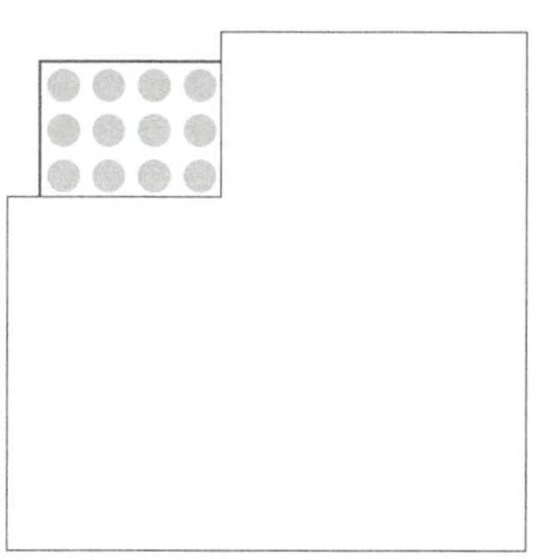

$4 + 4 + 4 =$ ____

____ $\cdot\ 4 =$ ____

f)

$4 + 4 + 4 + 4 + 4 =$ ____

____ $\cdot\ 4 =$ ____

QR-Code: Erklärvideo nutzen.

1 Wie heißt die Aufgabe? Rechne.

a)

3 · 2 = ___

b)

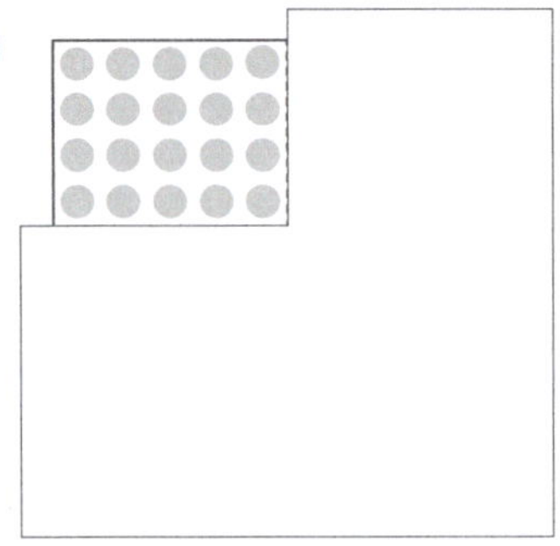

___ · 5 = ___

c)

___ · 3 = ___

d)

___ · 2 = ___

e)

___ · 3 = ___

f)

___ · 10 = ___

g)

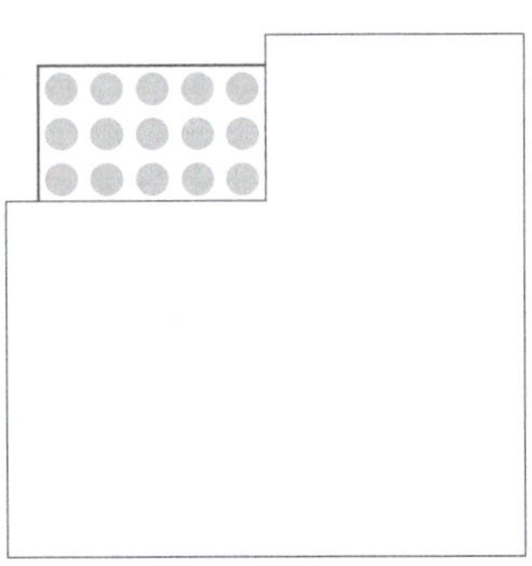

___ · 5 = ___

h)

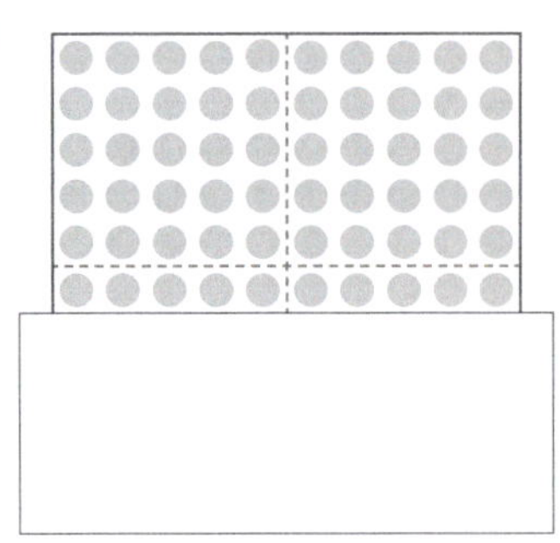

___ · 10 = ___

QR-Code: Erklärvideo nutzen.

1 Rechne. Wie heißt die Aufgabe, wenn eine Zeile dazukommt?

a)

2 · 2 = ____ 3 · 2 = ____

b)

____ · 4 = ____ ____ · 4 = ____

c)

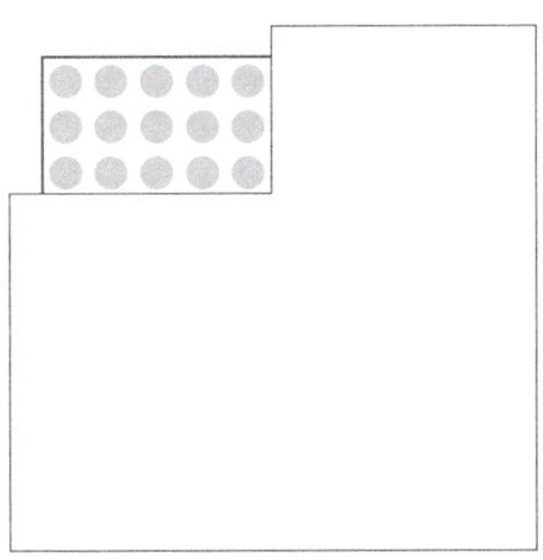

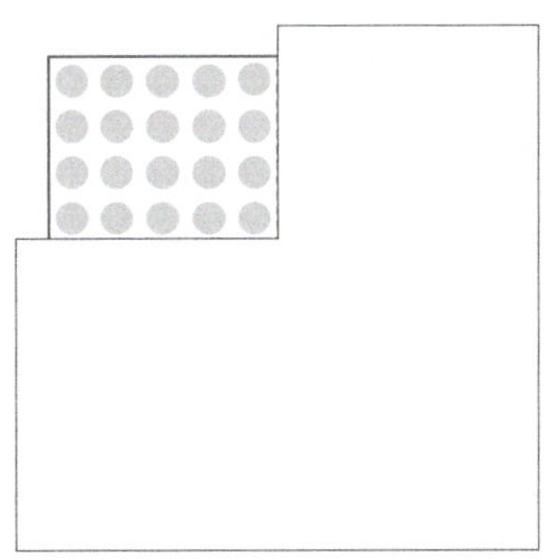

____ · 5 = ____ ____ · 5 = ____

d)

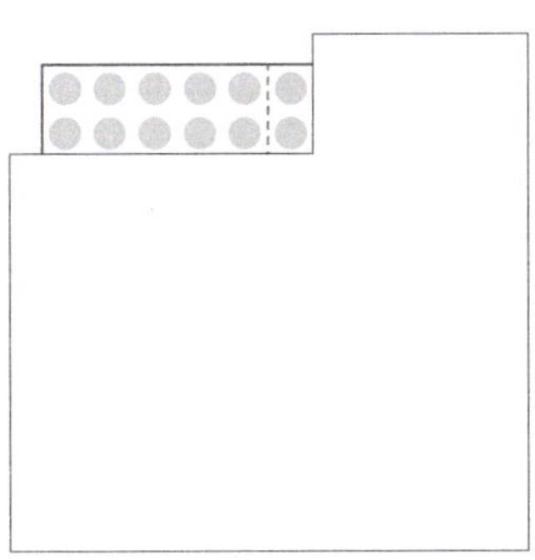

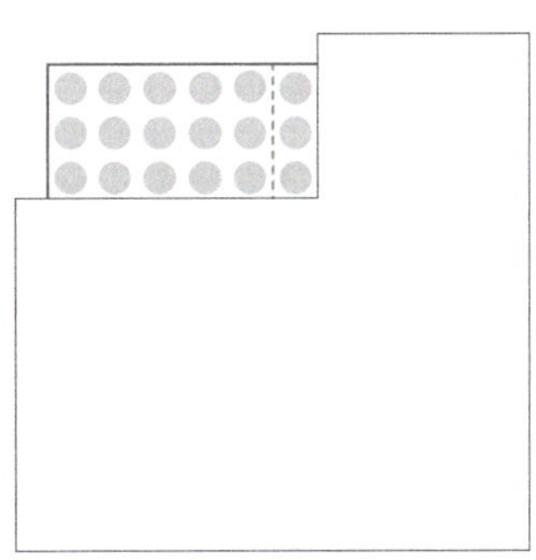

____ · 6 = ____ ____ · 6 = ____

QR-Code: Erklärvideo nutzen.

1 Rechne. Wie heißt die Aufgabe, wenn eine Zeile weggenommen wird?

a)

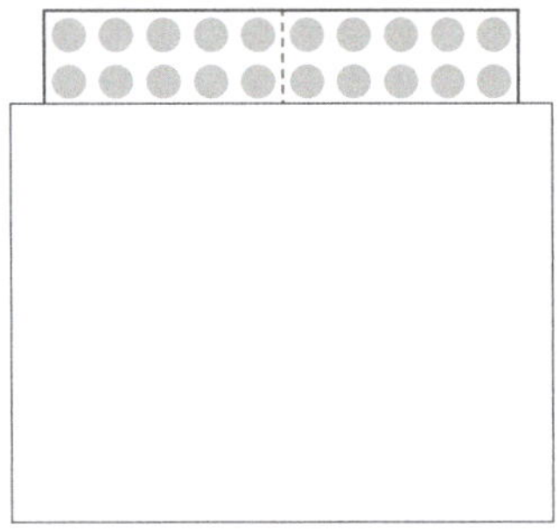

$\underline{2} \cdot 10 =$ ____

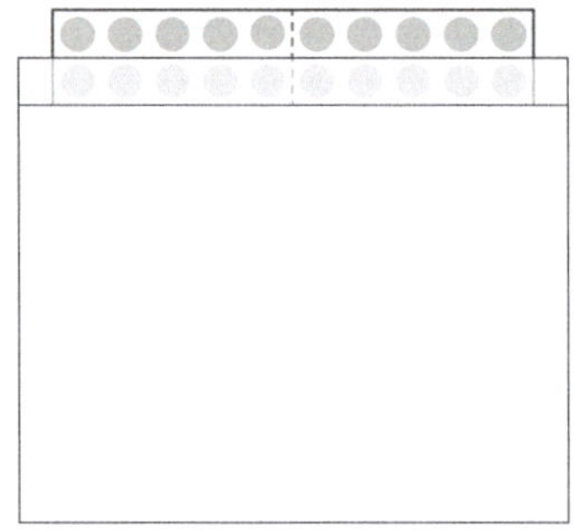

$\underline{1} \cdot 10 =$ ____

b)

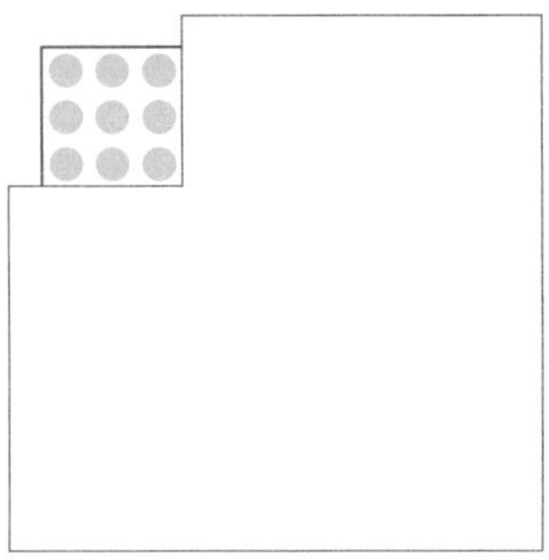

____ $\cdot\ 3 =$ ____

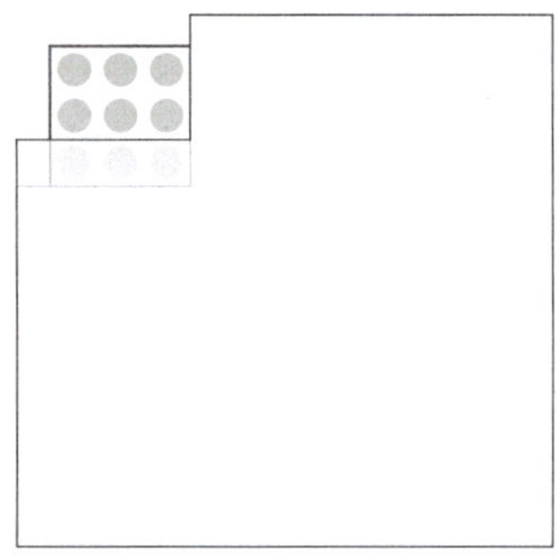

____ $\cdot\ 3 =$ ____

c)

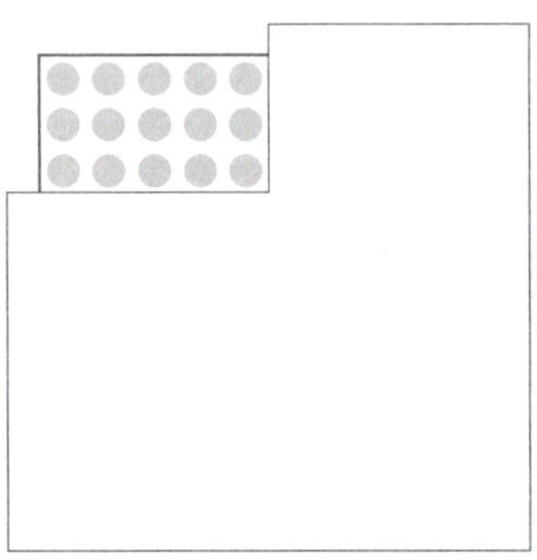

____ $\cdot\ 5 =$ ____

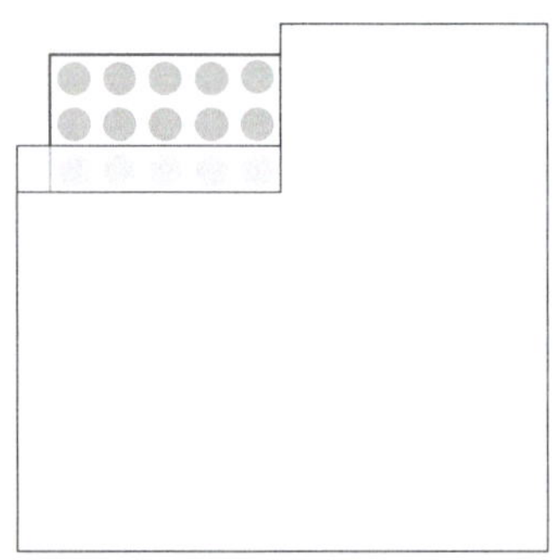

____ $\cdot\ 5 =$ ____

d)

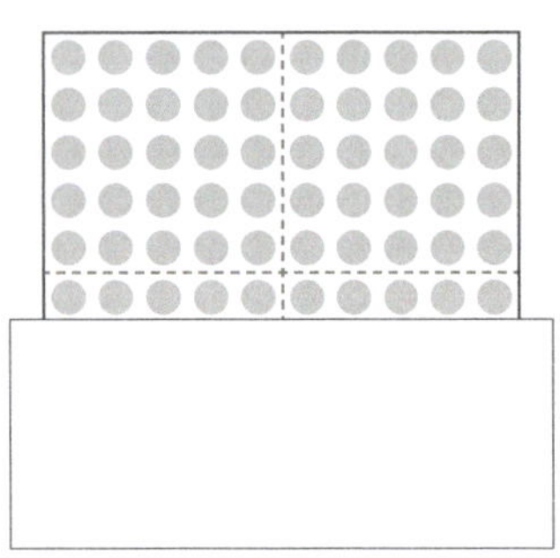

____ $\cdot\ 10 =$ ____

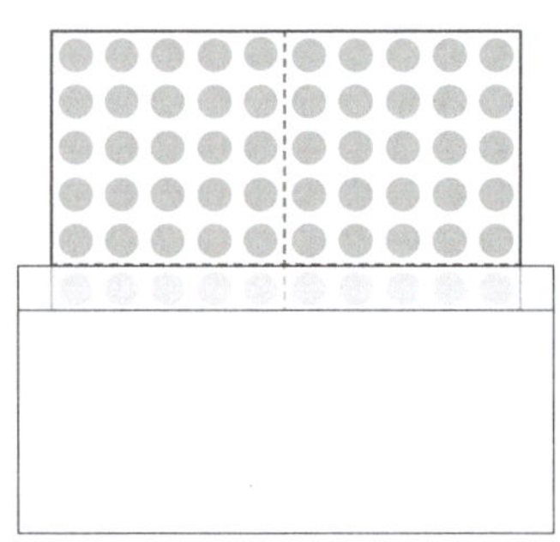

____ $\cdot\ 10 =$ ____

QR-Code: Erklärvideo nutzen.

1 Rechne die Aufgabe und die Tauschaufgabe.

a)

3 · 2 = ___

2 · 3 = ___

b)

2 · 10 = ___

10 · ___ = ___

c)

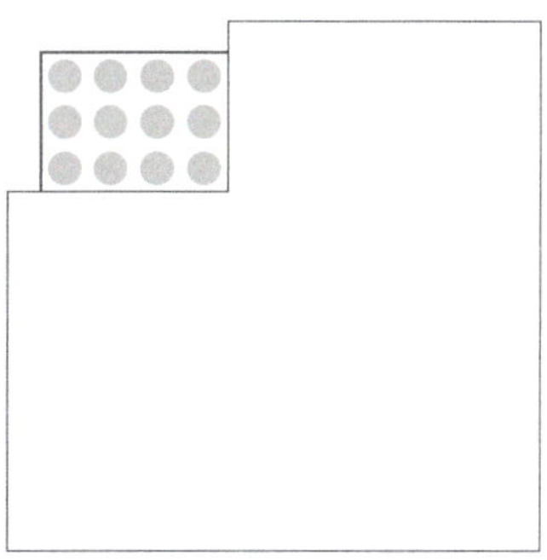

3 · 4 = ___

___ · ___ = ___

d)

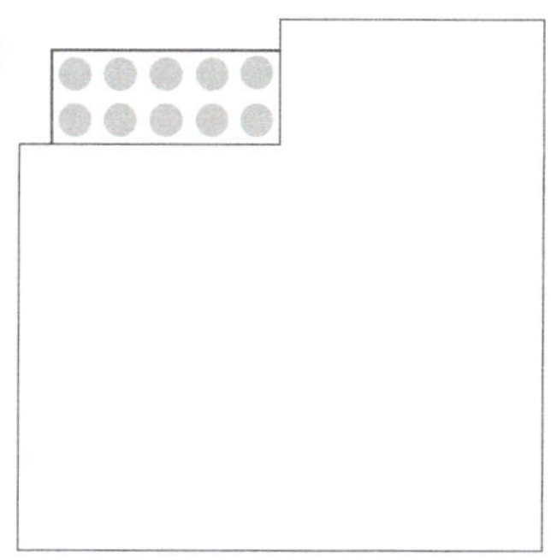

2 · 5 = ___

___ · ___ = ___

e)

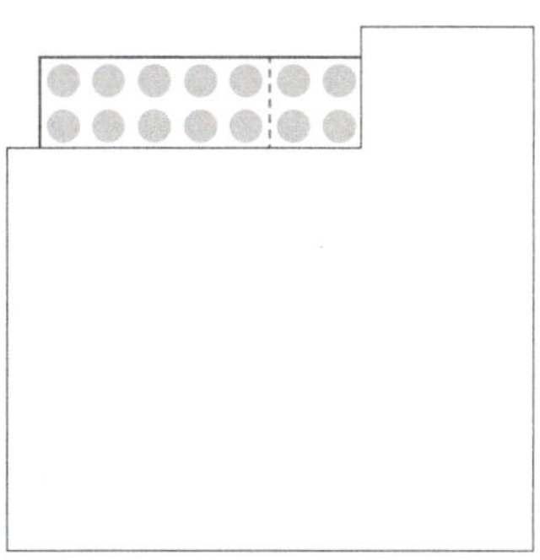

2 · 7 = ___

___ · ___ = ___

f)

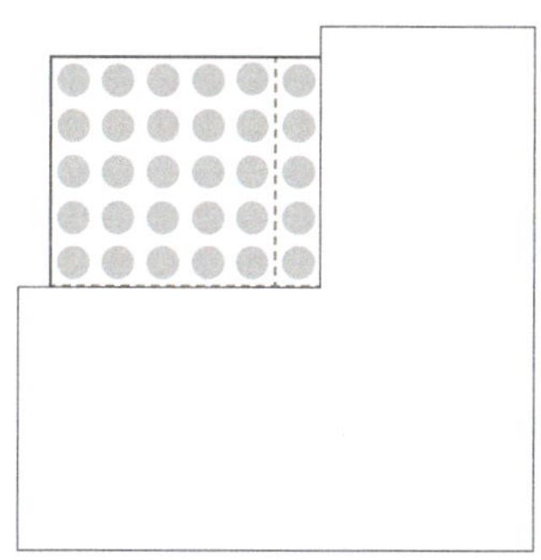

5 · 6 = ___

___ · ___ = ___

1 Rechne die Aufgabe und die Tauschaufgabe.

a)

2 · 3 = ____

3 · ___ = ____

b)

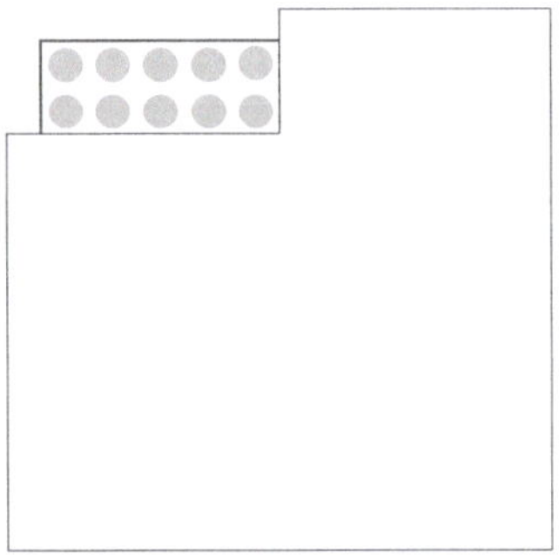

2 · 5 = ____

5 · ___ = ____

c)

1 · 6 = ____

___ · ___ = ____

d)

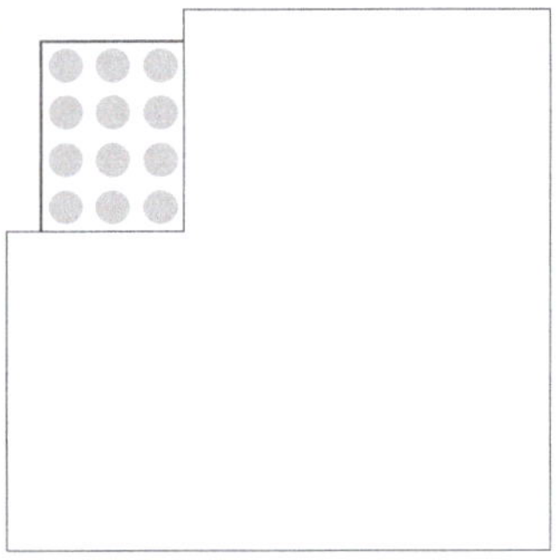

4 · 3 = ____

___ · ___ = ____

e)

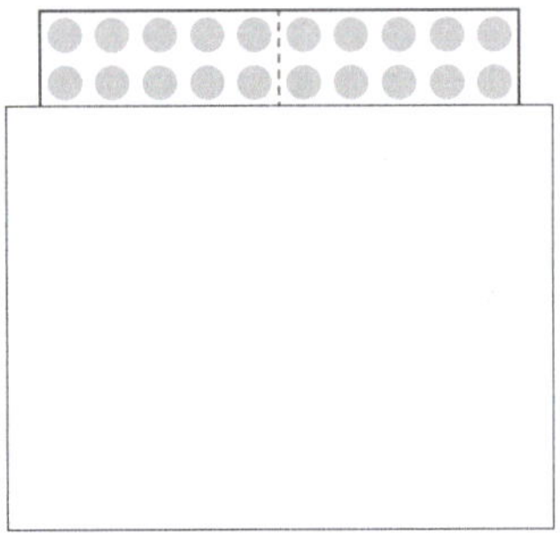

2 · 10 = ____

___ · ___ = ____

f)

2 · 2 = ____

___ · ___ = ____

1 Immer das **Doppelte**. Zeige am Punktefeld und rechne.

a)

das Doppelte →

1 · 4 = ____

2 · 4 = ____

b)

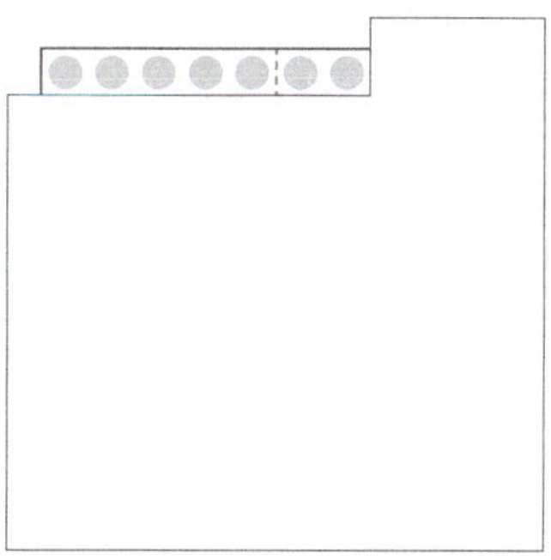

das Doppelte →

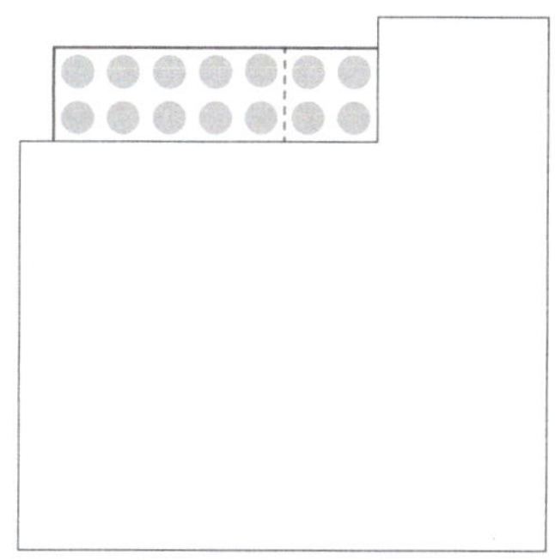

1 · 7 = ____

2 · 7 = ____

c)

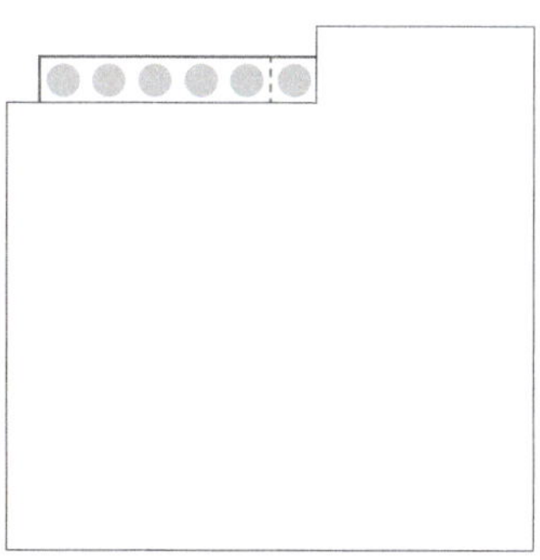

das Doppelte →

1 · 6 = ____

2 · 6 = ____

2

a) 1 · 2 = ____
2 · 2 = ____

b) 1 · 3 = ____
2 · 3 = ____

c) 1 · 5 = ____
2 · 5 = ____

d) 1 · 10 = ____
2 · 10 = ____

QR-Code: Erklärvideo nutzen.

1 Immer das **Zehnfache**. Zeige am Punktefeld und rechne.

a)

das Zehnfache →

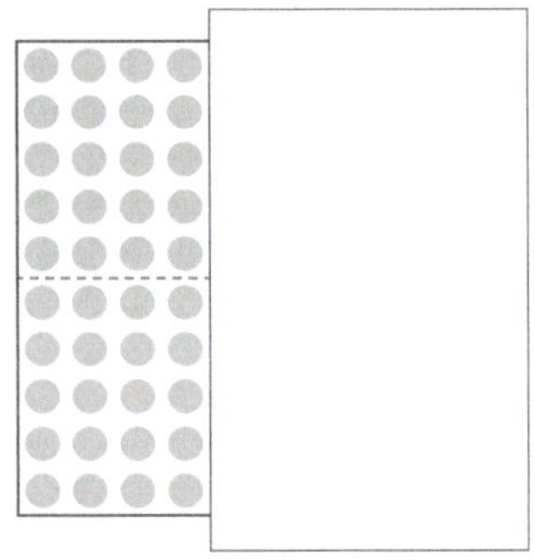

$1 \cdot 4 =$ ____ $10 \cdot 4 =$ ____

b)

das Zehnfache →

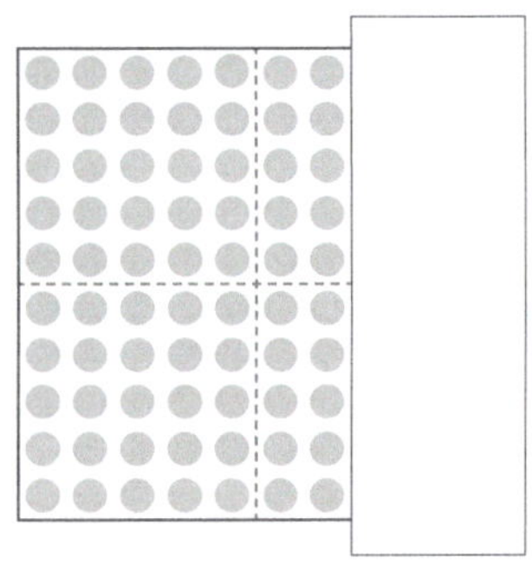

$1 \cdot 7 =$ ____ $10 \cdot 7 =$ ____

c)

das Zehnfache →

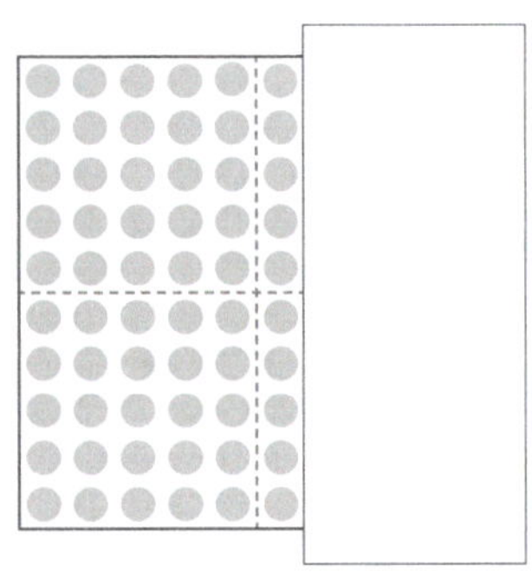

$1 \cdot 6 =$ ____ $10 \cdot 6 =$ ____

2 a) $1 \cdot 2 =$ ____ b) $1 \cdot 3 =$ ____ c) $1 \cdot 5 =$ ____ d) $1 \cdot 10 =$ ____

$10 \cdot 2 =$ ____ $10 \cdot 3 =$ ____ $10 \cdot 5 =$ ____ $10 \cdot 10 =$ ____

QR-Code: Erklärvideo nutzen.

1 Immer die **Hälfte**. Zeige am Punktefeld und rechne.

a)

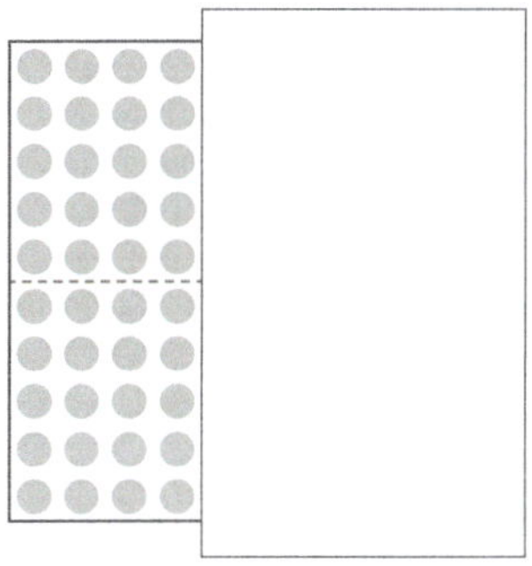

die Hälfte →

10 · 4 = ____   5 · 4 = ____

b)

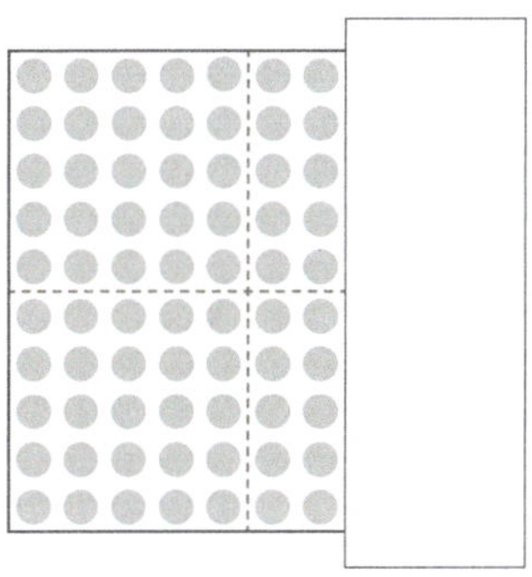

die Hälfte →

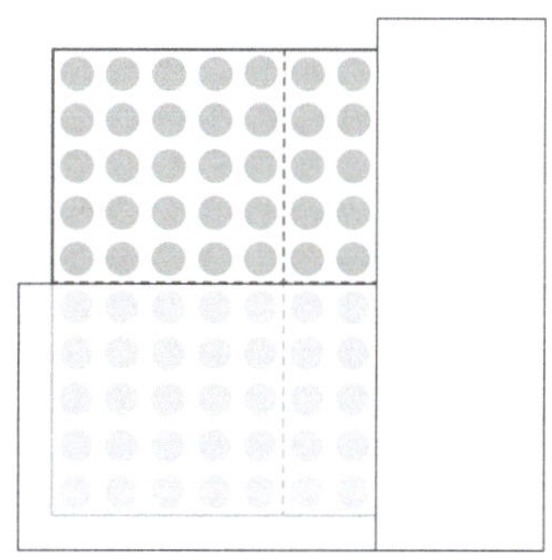

10 · 7 = ____   5 · 7 = ____

c)

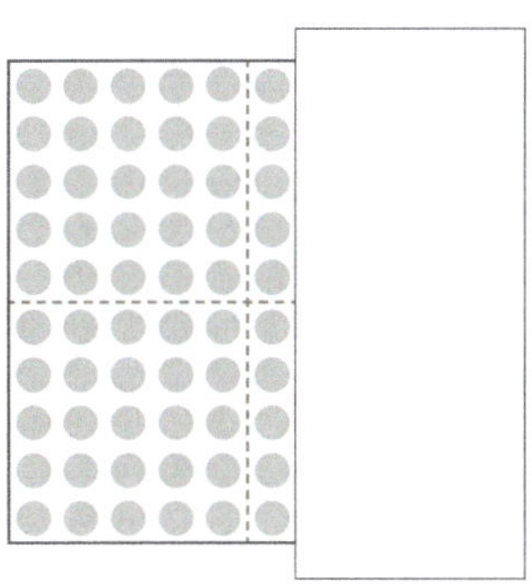

die Hälfte →

10 · 6 = ____   5 · 6 = ____

2 a) 10 · 2 = ____ b) 10 · 5 = ____ c) 10 · 8 = ____ d) 10 · 10 = ____

5 · 2 = ____ 5 · 5 = ____ 5 · 8 = ____ 5 · 10 = ____

QR-Code: Erklärvideo nutzen.

1 a)

Plusaufgabe: 2 + 2 + 2 + 2 = ____

Malaufgabe: ___ · 2 = ____

b)

Plusaufgabe: 5 + 5 = ____

Malaufgabe: ___ · 5 = ____

2 a)

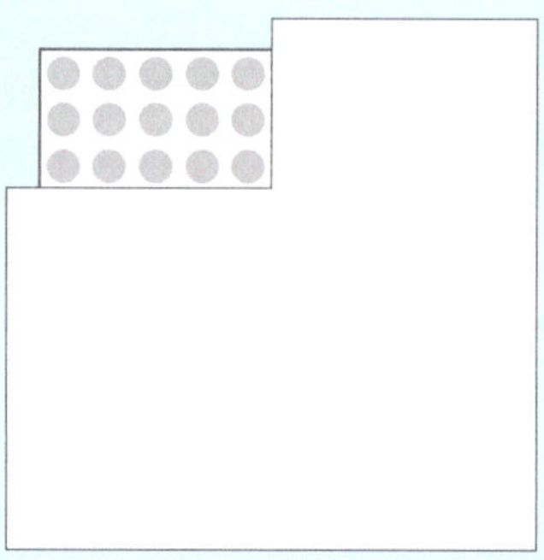

____ · 5 = ____

b)

____ · 6 = ____

3 Rechne die Aufgabe und die Tauschaufgabe.

a)

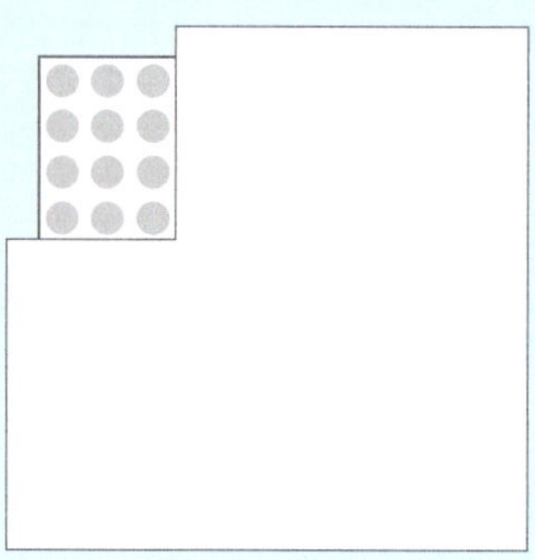

4 · 3 = ____

___ · ___ = ____

b)

1 · 10 = ____

___ · ___ = ____

Zuerst Aufgaben lösen, dann selbst einschätzen.

1 a)

3 · 2 = ____

b)

____ · 2 = ____

c)

____ · 2 = ____

d)

____ · 2 = ____

e)

____ · 2 = ____

f)

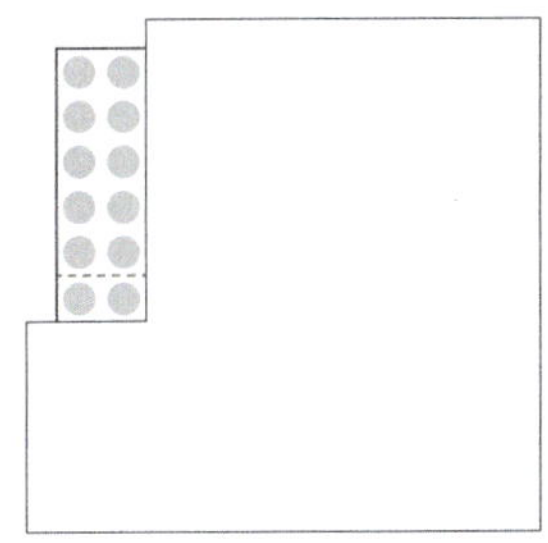

____ · 2 = ____

g)

____ · 2 = ____

h)

____ · 2 = ____

i)

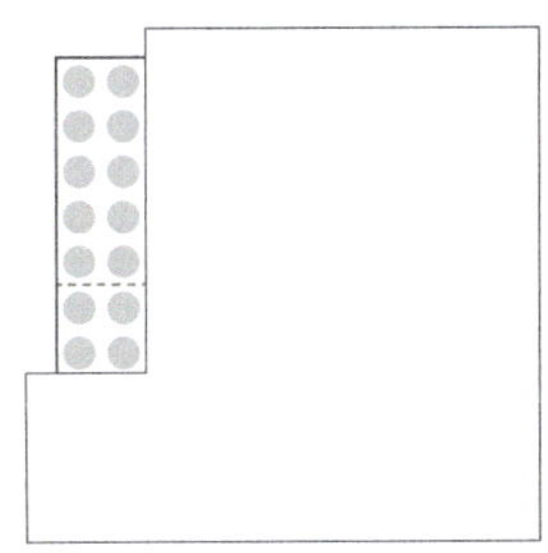

____ · 2 = ____

j)

____ · 2 = ____

2 Kernaufgaben

1 · 2 = ____

2 · 2 = ____

5 · 2 = ____

10 · 2 = ____

Evtl. Material nutzen.

1 a) 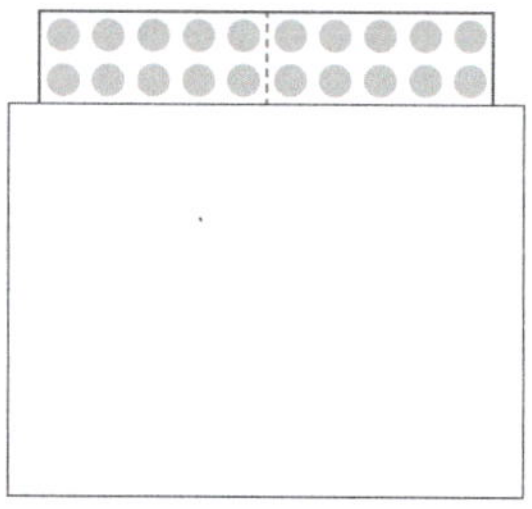

2 · 10 = ____

b) 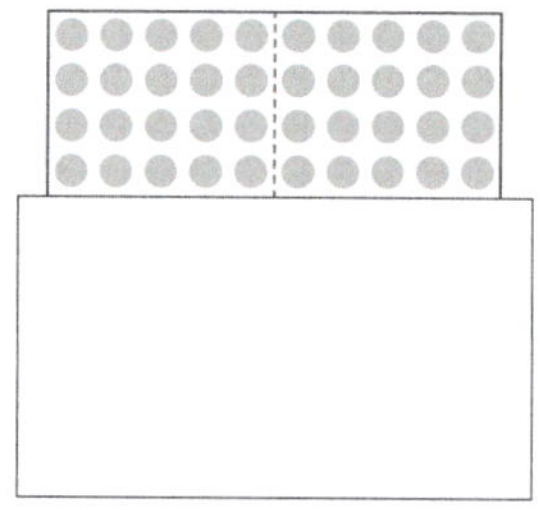

____ · 10 = ____

c) 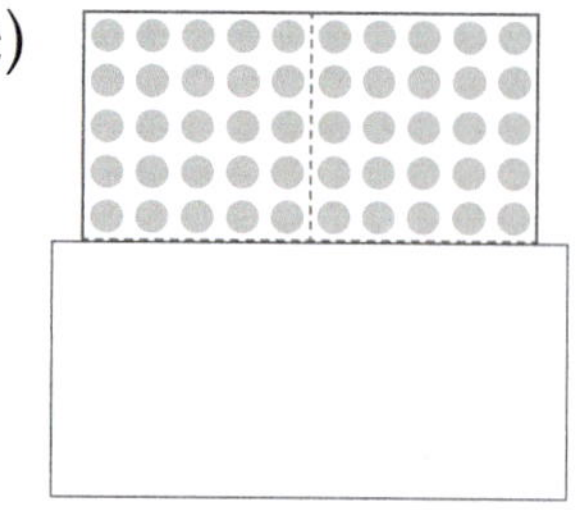

____ · 10 = ____

d) 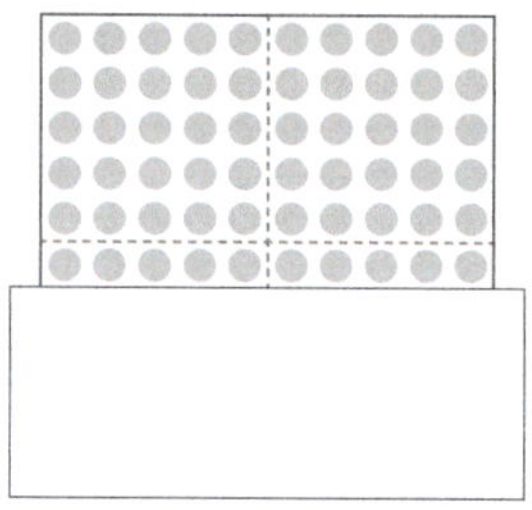

____ · 10 = ____

e) 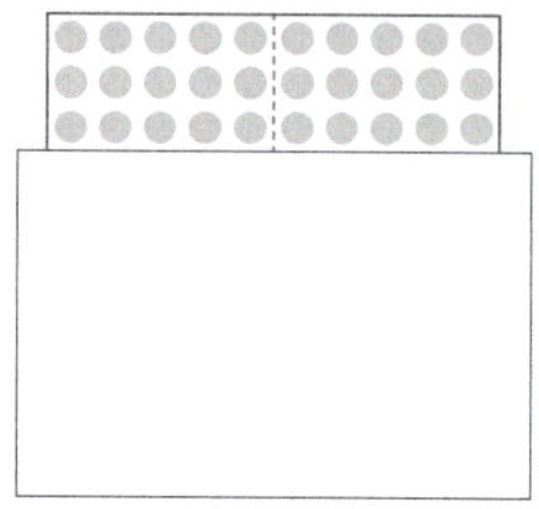

____ · 10 = ____

f) 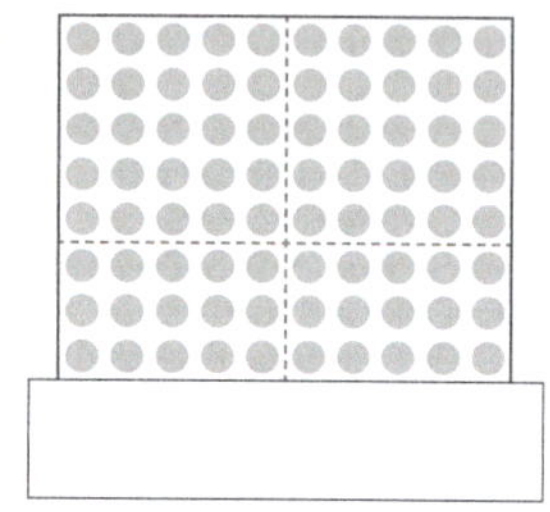

____ · 10 = ____

g) 

____ · 10 = ____

h) 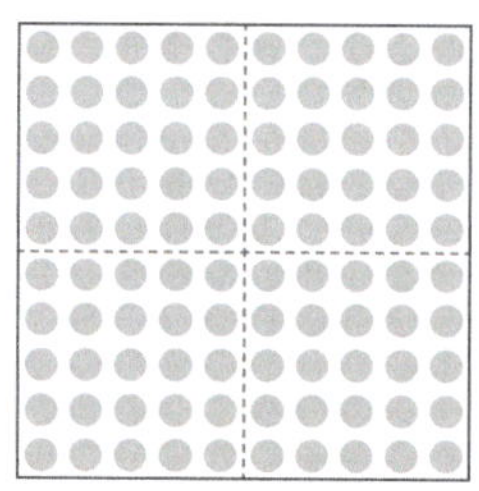

____ · 10 = ____

i) 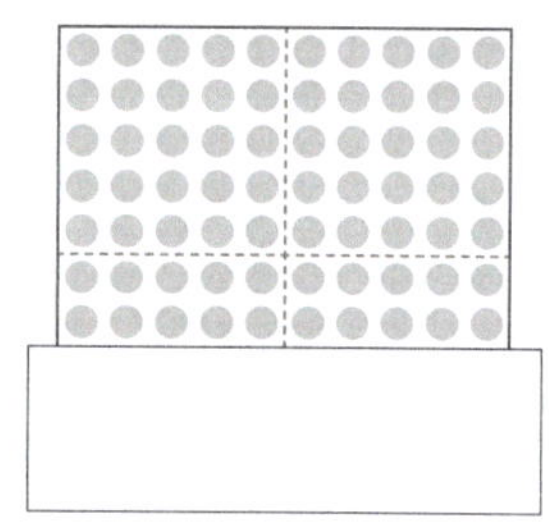

____ · 10 = ____

j) 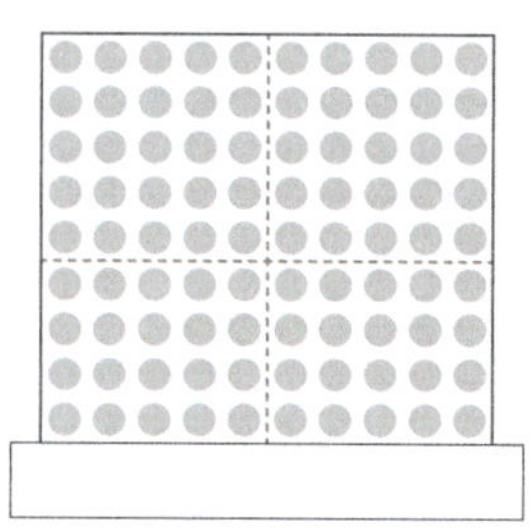

____ · 10 = ____

2 Kernaufgaben

1 · 10 = ____
2 · 10 = ____
5 · 10 = ____
10 · 10 = ____

Evtl. Material nutzen.

1

a) 

3 · 5 = ____

b) 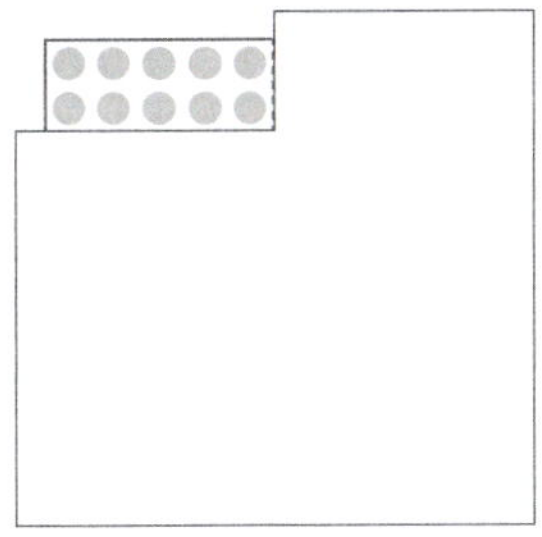

____ · 5 = ____

c) 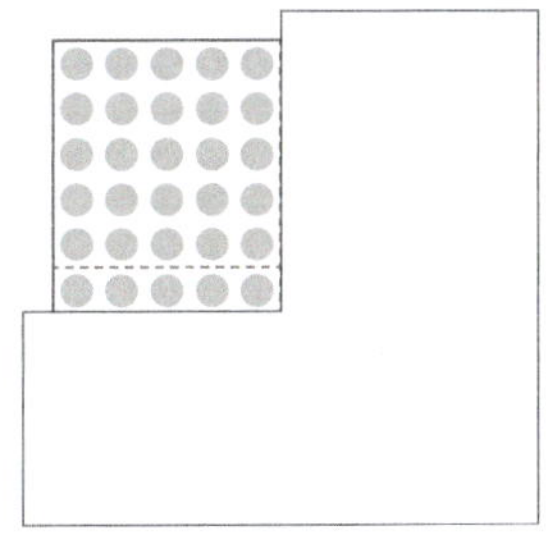

____ · 5 = ____

d) 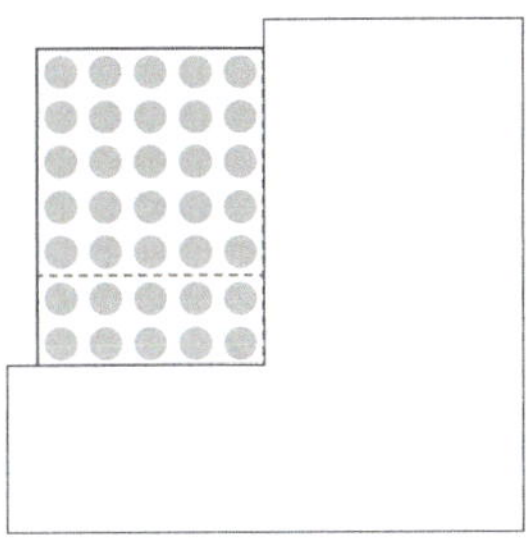

____ · 5 = ____

e) 

____ · 5 = ____

f) 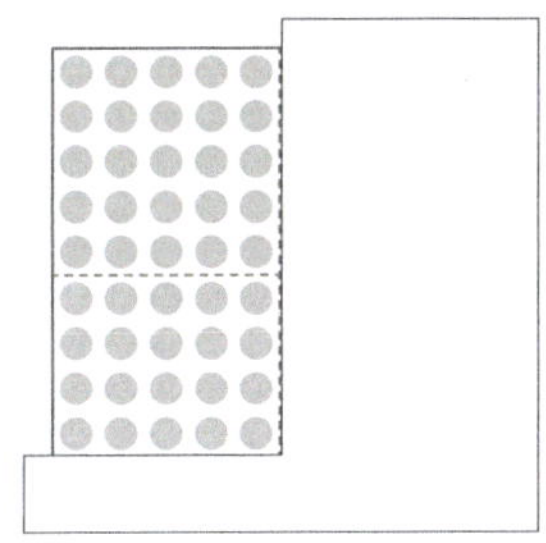

____ · 5 = ____

g) 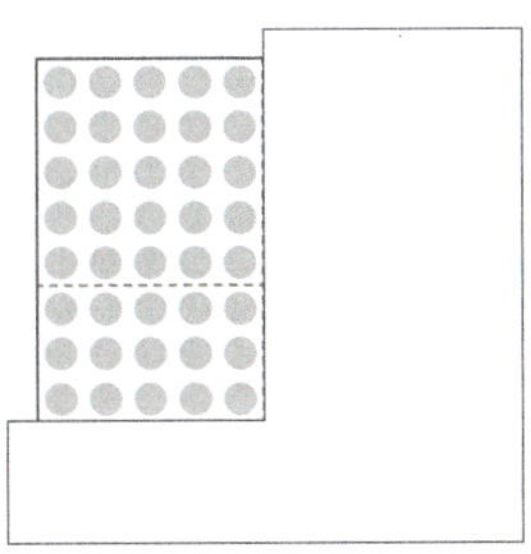

____ · 5 = ____

h) 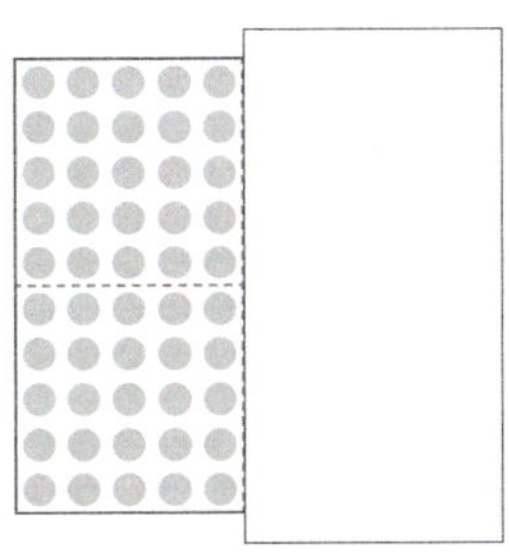

____ · 5 = ____

i) 

____ · 5 = ____

j) 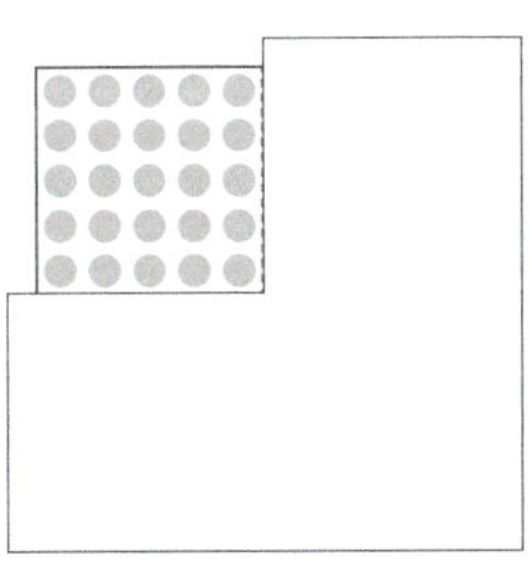

____ · 5 = ____

2 Kernaufgaben

1 · 5 = ____

2 · 5 = ____

5 · 5 = ____

10 · 5 = ____

Evtl. Material nutzen.

1 Kernaufgaben

1 · 4 = ____
2 · 4 = ____
5 · 4 = ____
10 · 4 = ____

2 Rechne mithilfe der Kernaufgaben.

a)

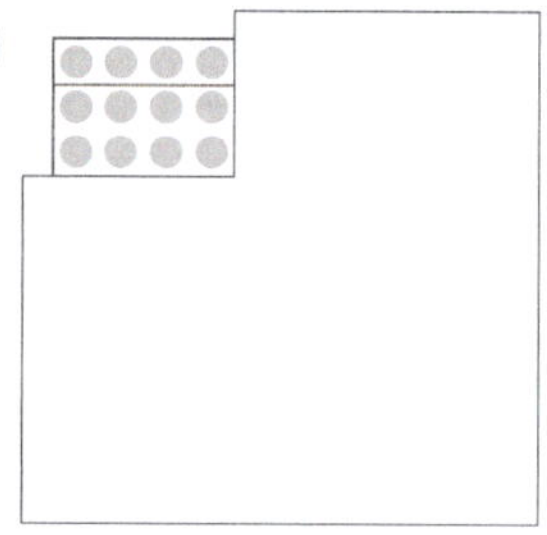

3 · 4

1 · 4 = ____
2 · 4 = ____
3 · 4 = ____

b)

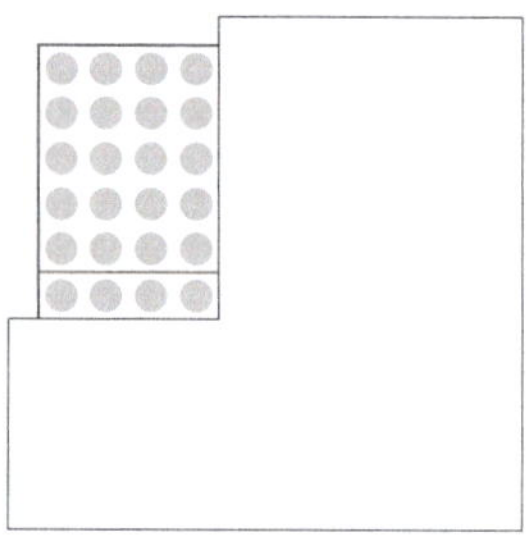

6 · 4

5 · 4 = ____
1 · 4 = ____
6 · 4 = ____

c)

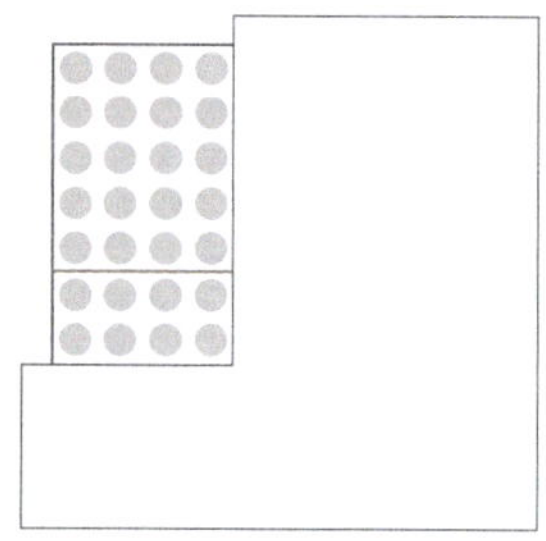

7 · 4

5 · 4 = ____
2 · 4 = ____
7 · 4 = ____

3 Rechne mithilfe der Kernaufgaben.

a)

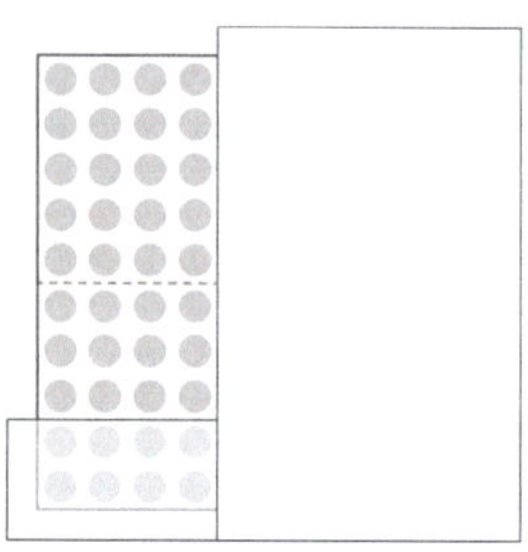

8 · 4

10 · 4 = ____
2 · 4 = ____
8 · 4 = ____

b)

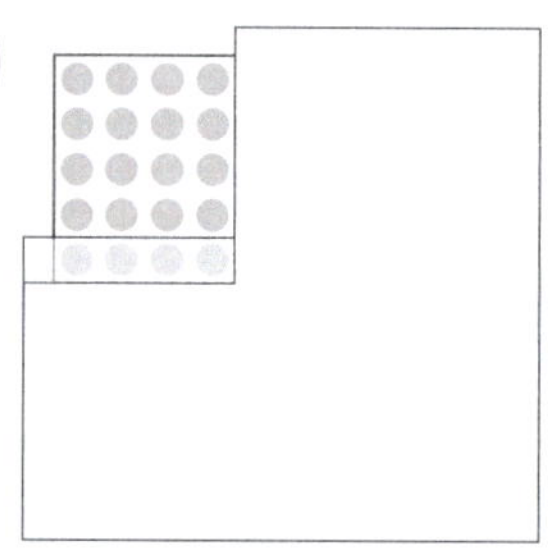

4 · 4

5 · 4 = ____
1 · 4 = ____
4 · 4 = ____

c)

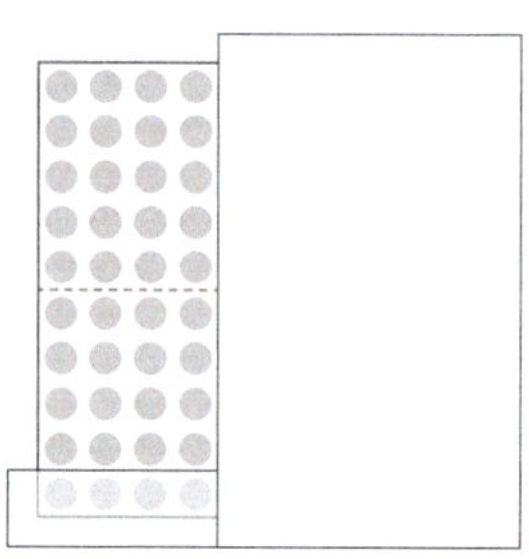

9 · 4

10 · 4 = ____
1 · 4 = ____
9 · 4 = ____

4

a) 2 · 4 = ____
3 · 4 = ____

b) 5 · 4 = ____
4 · 4 = ____

c) 5 · 4 = ____
6 · 4 = ____

d) 10 · 4 = ____
9 · 4 = ____

QR-Code: Erklärvideo nutzen.
Evtl. Material nutzen.

1 Kernaufgaben

1 · 8 = ____
2 · 8 = ____
5 · 8 = ____
10 · 8 = ____

2 Rechne mithilfe der Kernaufgaben.

a)
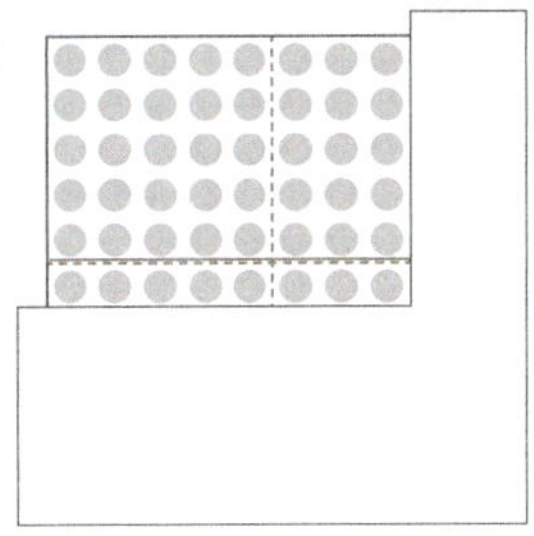

6 · 8

5 · 8 = ____
1 · 8 = ____
6 · 8 = ____

b)
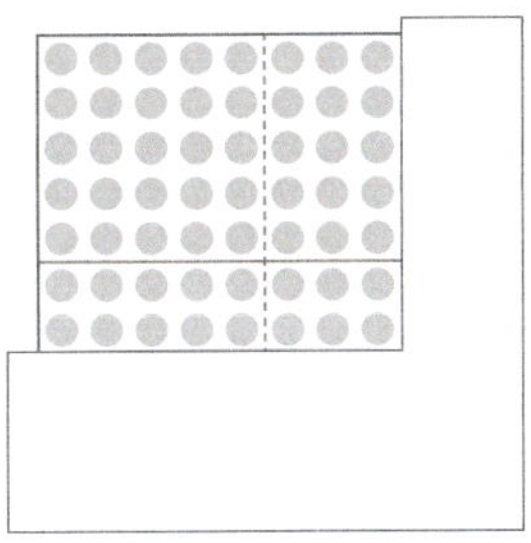

7 · 8

5 · 8 = ____
2 · 8 = ____
7 · 8 = ____

c)
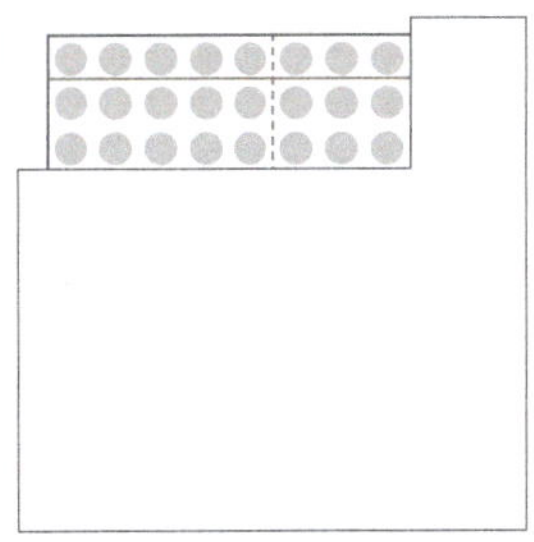

3 · 8

1 · 8 = ____
2 · 8 = ____
3 · 8 = ____

3 Rechne mithilfe der Kernaufgaben.

a)
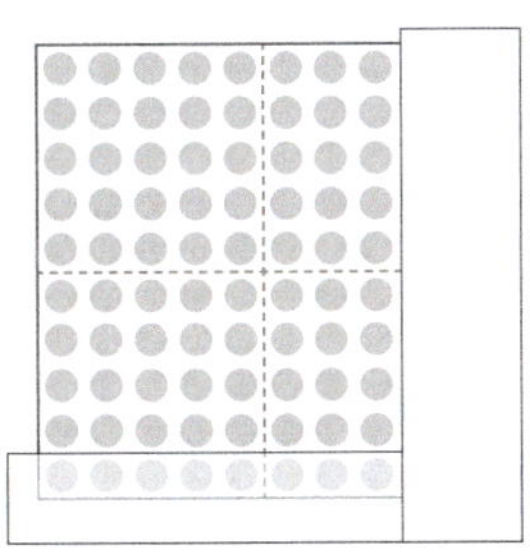

9 · 8

10 · 8 = ____
1 · 8 = ____
9 · 8 = ____

b)
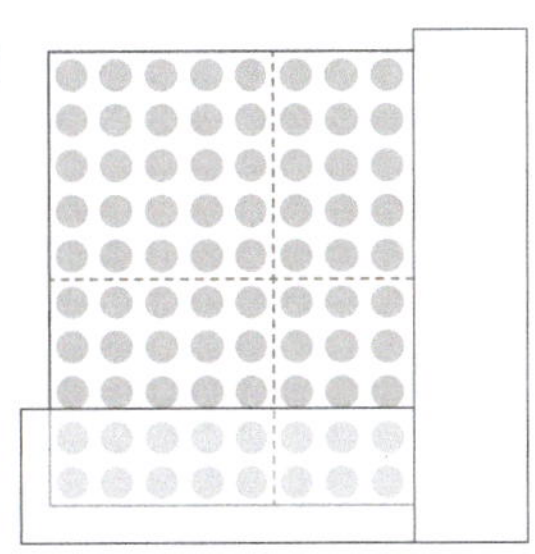

8 · 8

10 · 8 = ____
2 · 8 = ____
8 · 8 = ____

c)
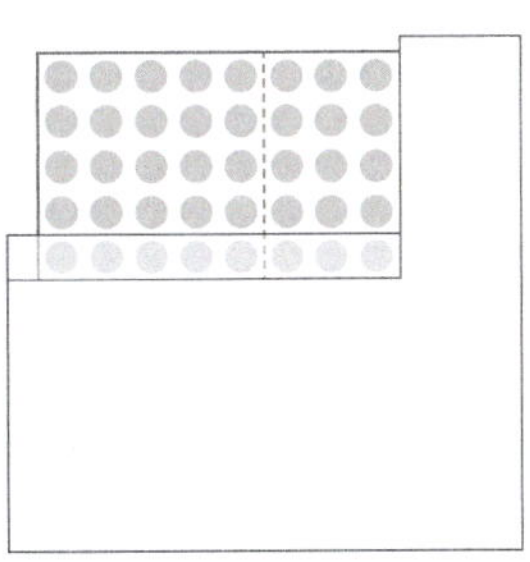

4 · 8

5 · 8 = ____
1 · 8 = ____
4 · 8 = ____

4 a) 2 · 8 = ____
3 · 8 = ____

b) 5 · 8 = ____
4 · 8 = ____

c) 5 · 8 = ____
6 · 8 = ____

d) 10 · 8 = ____
9 · 8 = ____

Evtl. Material nutzen.

1 a)

$1 \cdot 2 =$ ____
$2 \cdot 2 =$ ____
$5 \cdot 2 =$ ____
$10 \cdot 2 =$ ____

b)

$1 \cdot 10 =$ ____
$2 \cdot 10 =$ ____
$5 \cdot 10 =$ ____
$10 \cdot 10 =$ ____

c)

$1 \cdot 5 =$ ____
$2 \cdot 5 =$ ____
$5 \cdot 5 =$ ____
$10 \cdot 5 =$ ____

2 Rechne mithilfe der Kernaufgaben.

a)

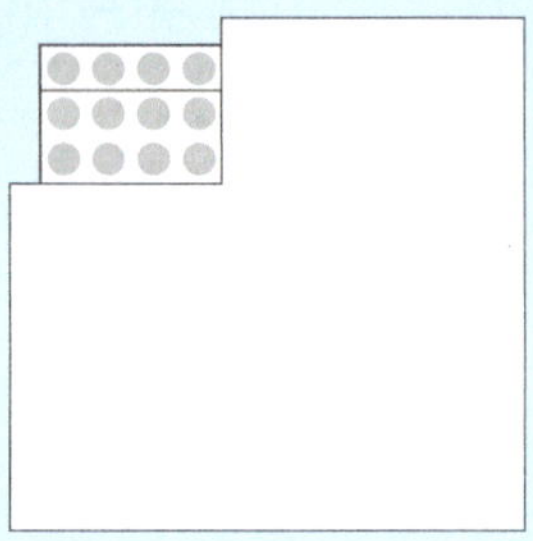

$3 \cdot 4$

$1 \cdot 4 =$ ____
$2 \cdot 4 =$ ____

$3 \cdot 4 =$ ____

b)

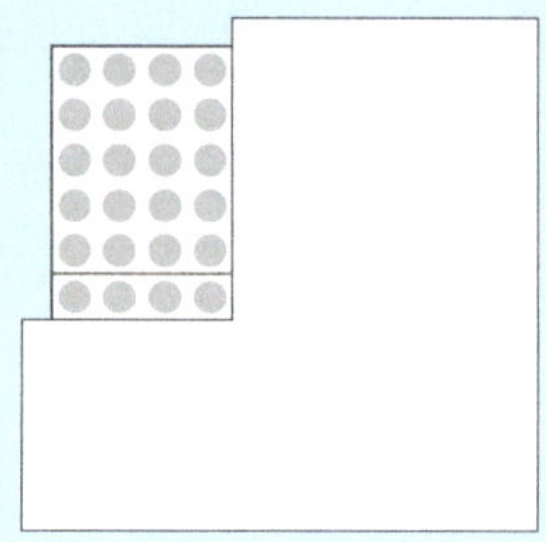

$6 \cdot 4$

$5 \cdot 4 =$ ____
$1 \cdot 4 =$ ____

$6 \cdot 4 =$ ____

3 Rechne mithilfe der Kernaufgaben.

a)

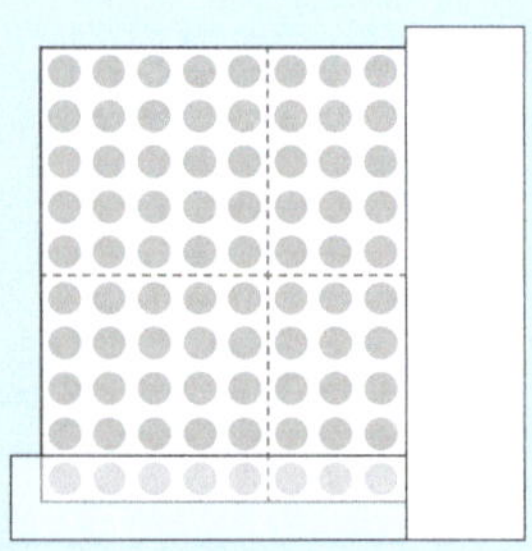

$9 \cdot 8$

$10 \cdot 8 =$ ____
$1 \cdot 8 =$ ____

$9 \cdot 8 =$ ____

b)

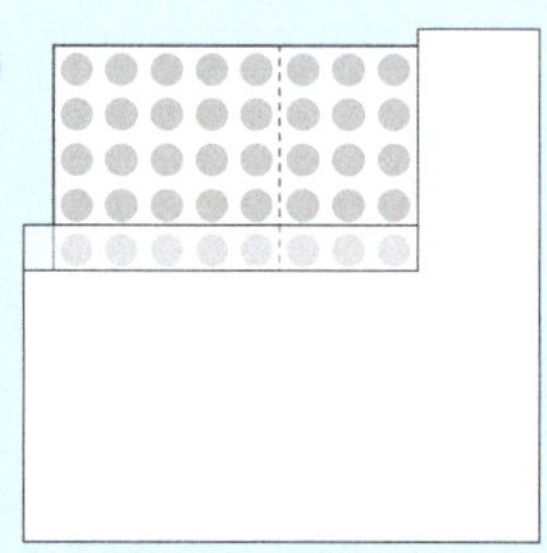

$4 \cdot 8$

$5 \cdot 8 =$ ____
$1 \cdot 8 =$ ____

$4 \cdot 8 =$ ____

4 a)

$5 \cdot 4 =$ ____
$4 \cdot 4 =$ ____

$10 \cdot 4 =$ ____
$9 \cdot 4 =$ ____

b)

$2 \cdot 8 =$ ____
$3 \cdot 8 =$ ____

$5 \cdot 8 =$ ____
$6 \cdot 8 =$ ____

Zuerst Aufgaben lösen, dann selbst einschätzen.

1 Immer 12 Kinder. Wie viele Gruppen sind es?

a)

12 : 3 = ____

Es sind ____ Gruppen.

b)

12 : 4 = ____

Es sind ____ Gruppen.

c)

12 : 2 = ____

Es sind ____ Gruppen.

d)

12 : 6 = ____

Es sind ____ Gruppen.

QR-Code: Erklärvideo nutzen.

1 Immer 18 Kinder. Wie viele Gruppen sind es?

a)

18 : 3 = ____

Es sind ____ Gruppen.

b)

18 : 6 = ____

Es sind ____ Gruppen.

c)

18 : 9 = ____

Es sind ____ Gruppen.

d)

18 : 2 = ____

Es sind ____ Gruppen.

QR-Code: Erklärvideo nutzen.

Dividieren
Aufteilen

1 Wie viele Netze sind es jeweils?

a) 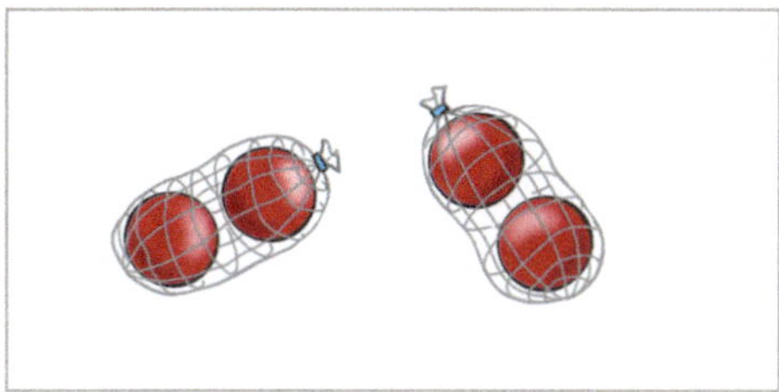

4 : 2 = ____

Es sind ____ Netze.

b) 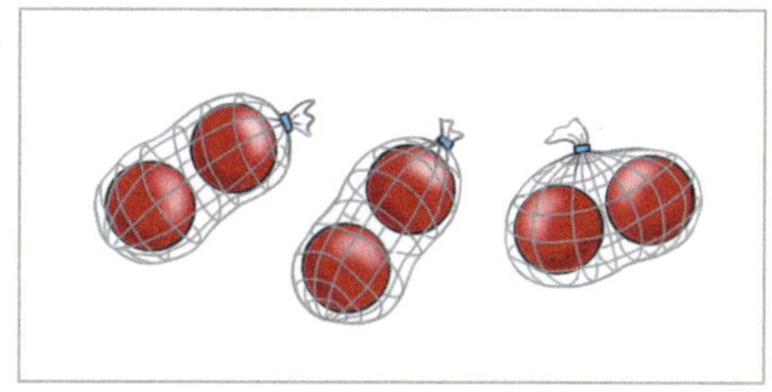

6 : 2 = ____

Es sind ____ Netze.

c) 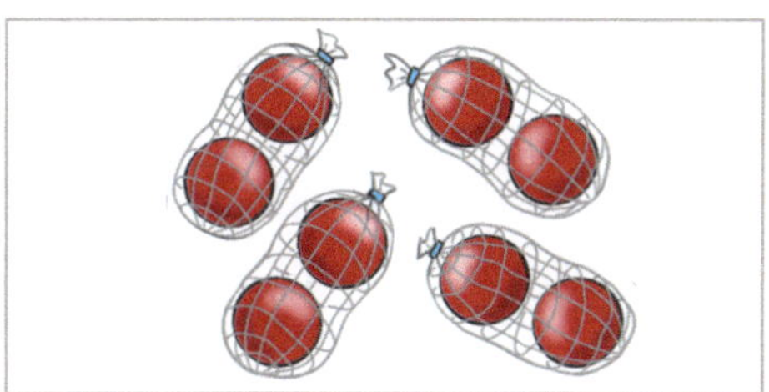

8 : 2 = ____

Es sind ____ Netze.

d) 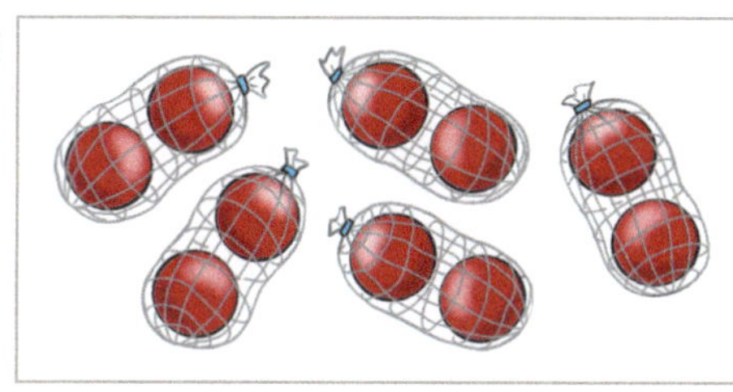

10 : 2 = ____

Es sind ____ Netze.

2 a) 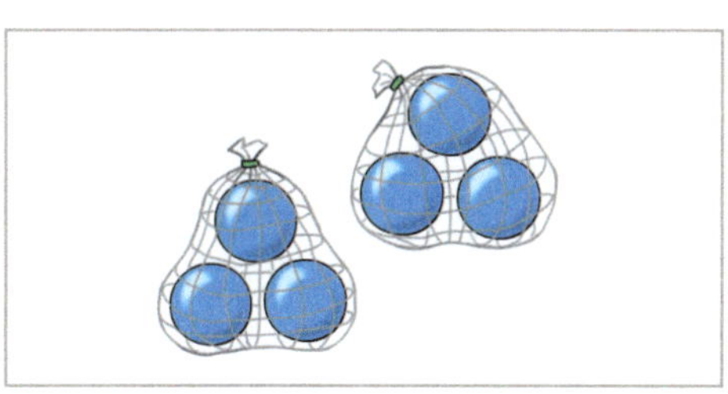

6 : 3 = ____

Es sind ____ Netze.

b) 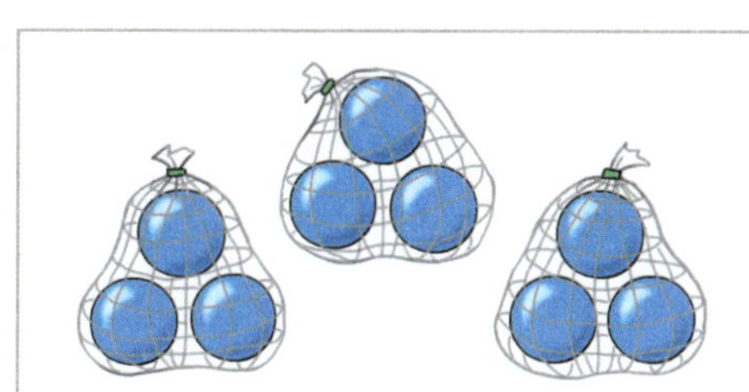

9 : 3 = ____

Es sind ____ Netze.

1 Wie viele Netze sind es jeweils?

a)

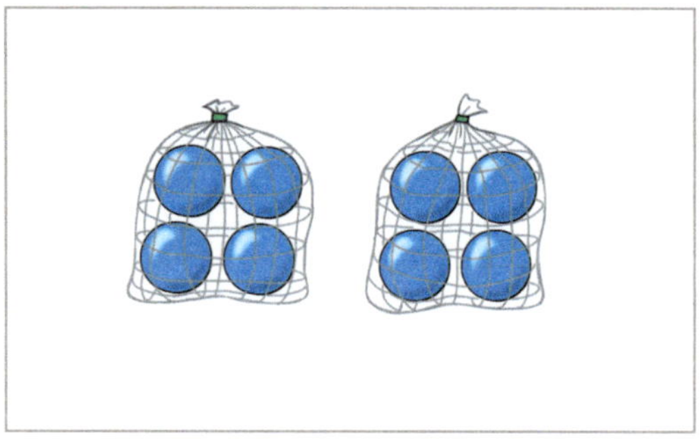

8 : 4 = ____

Es sind ____ Netze.

b)

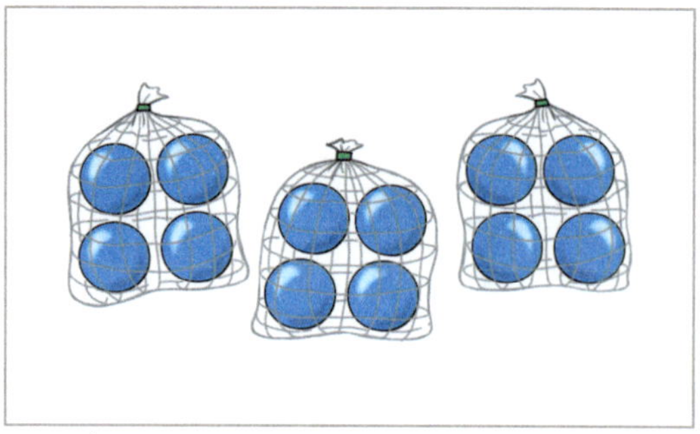

12 : 4 = ____

Es sind ____ Netze.

c)

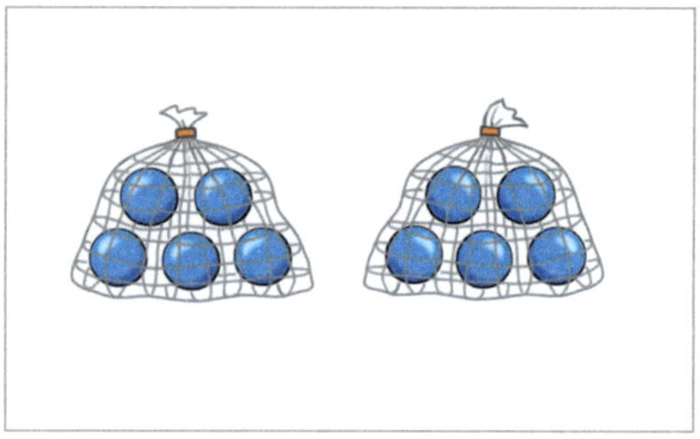

10 : 5 = ____

Es sind ____ Netze.

d)

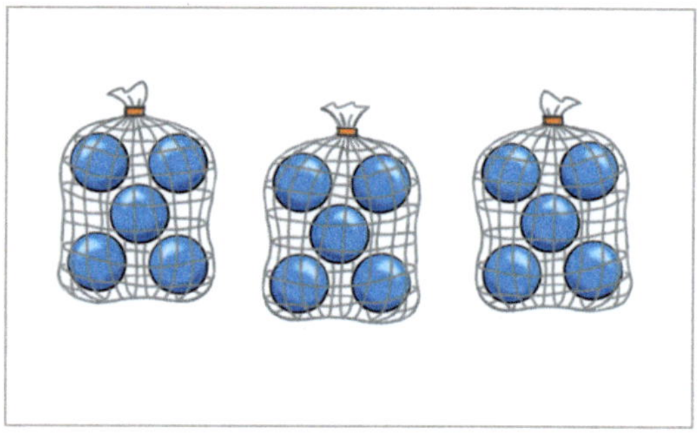

15 : 5 = ____

Es sind ____ Netze.

e)

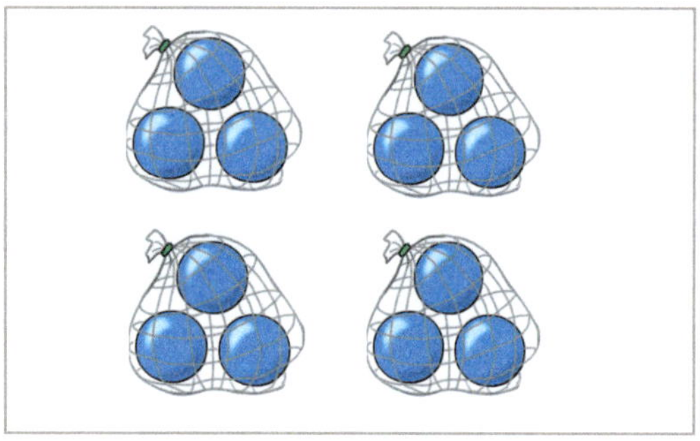

12 : 3 = ____

Es sind ____ Netze.

f)

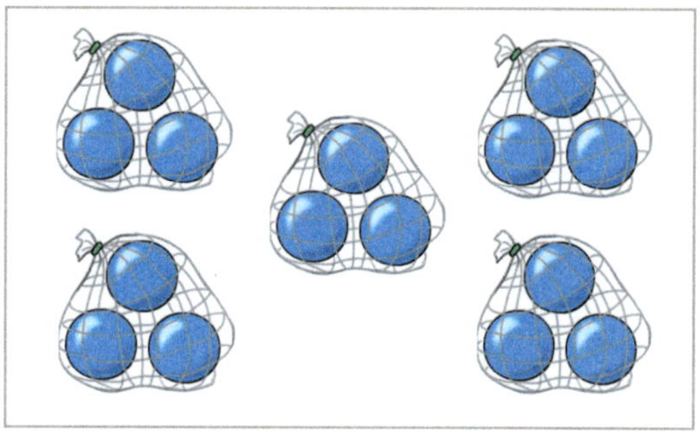

15 : 3 = ____

Es sind ____ Netze.

Dividieren
Verteilen

1 Wie wurde verteilt?
Wie viele Blaubeeren sind auf jedem Teller?

a)

8 : 2 = ____

Auf jedem Teller sind ____ Beeren.

b)

10 : 2 = ____

Auf jedem Teller sind ____ Beeren.

c)

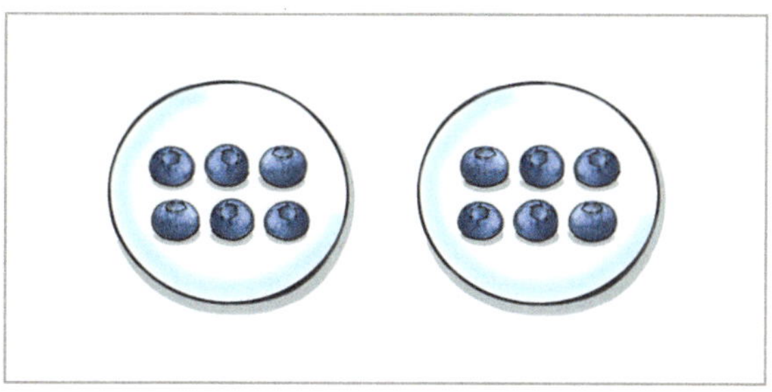

12 : 2 = ____

Auf jedem Teller sind ____ Beeren.

d)

16 : 2 = ____

Auf jedem Teller sind ____ Beeren.

2 Wie wurde verteilt?
Wie viele Blaubeeren sind auf jedem Teller?

a)

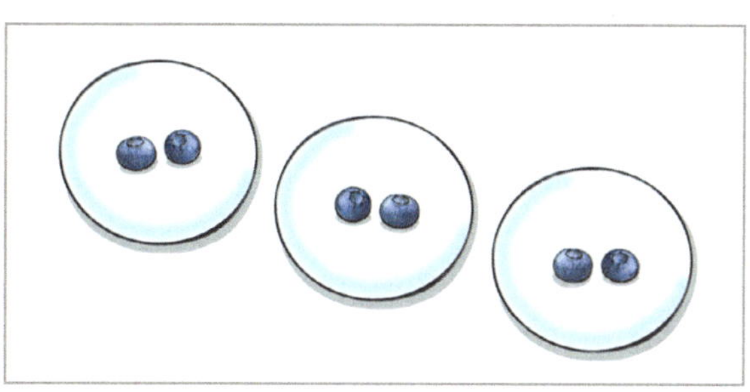

6 : 3 = ____

Auf jedem Teller sind ____ Beeren.

b)

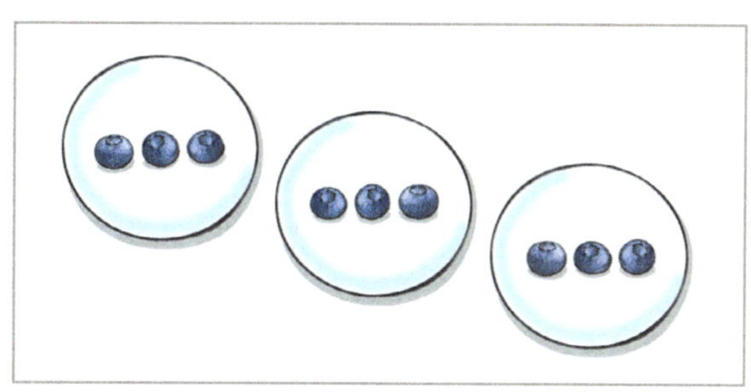

9 : 3 = ____

Auf jedem Teller sind ____ Beeren.

QR-Code: Erklärvideo nutzen.

1 Wie wurde verteilt?
Wie viele Blaubeeren sind auf jedem Teller?

a)
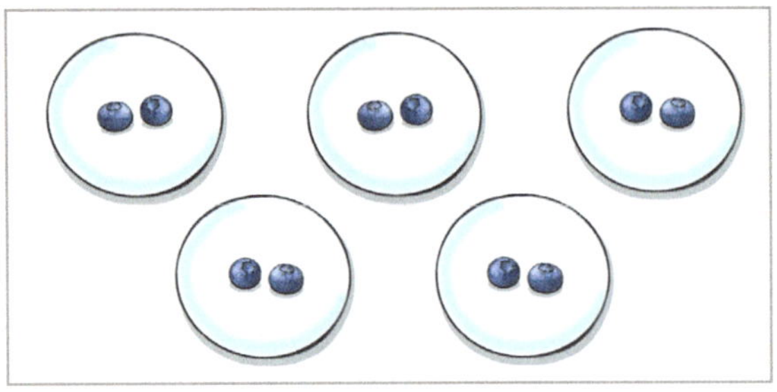

10 : 5 = ____

Auf jedem Teller sind ____ Beeren.

b)
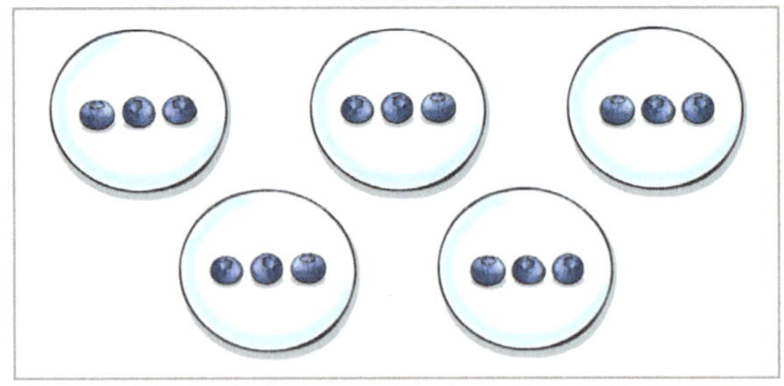

15 : 5 = ____

Auf jedem Teller sind ____ Beeren.

c)
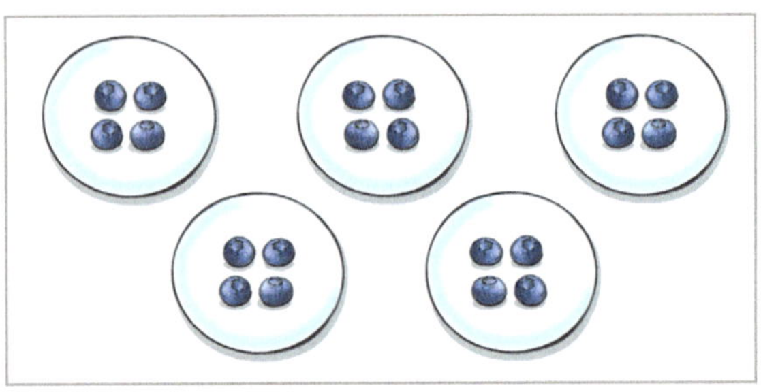

20 : 5 = ____

Auf jedem Teller sind ____ Beeren.

d)
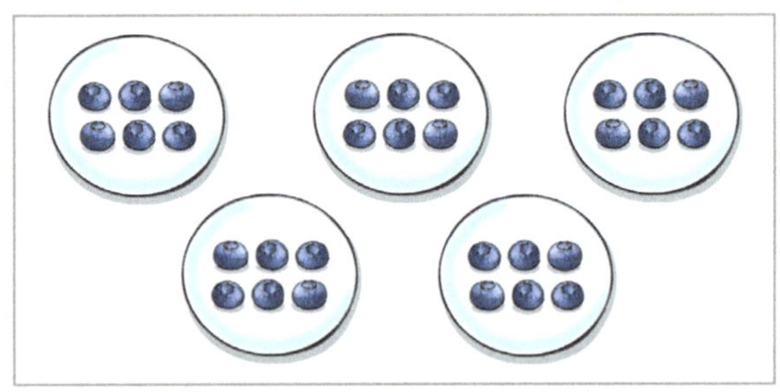

30 : 5 = ____

Auf jedem Teller sind ____ Beeren.

2 Wie wurde verteilt?
Wie viele Blaubeeren sind auf jedem Teller?

a)
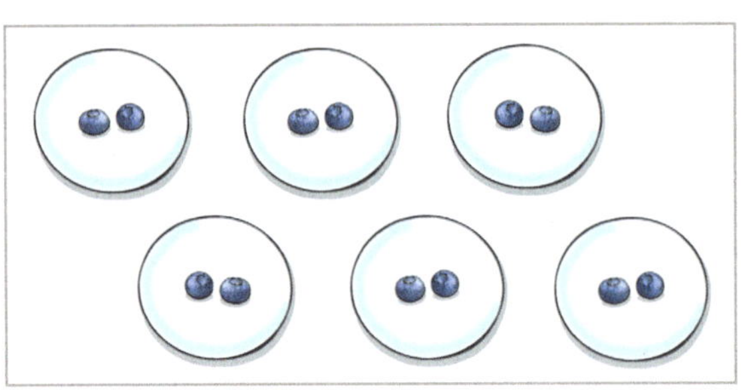

12 : 6 = ____

Auf jedem Teller sind ____ Beeren.

b)
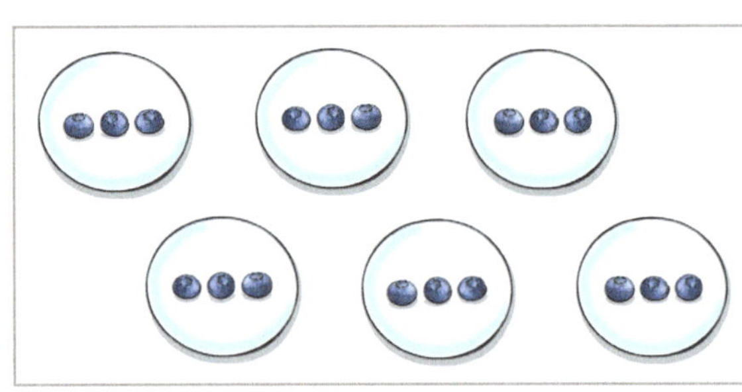

18 : 6 = ____

Auf jedem Teller sind ____ Beeren.

QR-Code: Erklärvideo nutzen.

Dividieren
Verteilen

1 Wie wurde verteilt?
Wie viele Kekse sind auf jedem Teller?

a)

10 : 2 = ____

Auf jedem Teller sind ____ Kekse.

b)

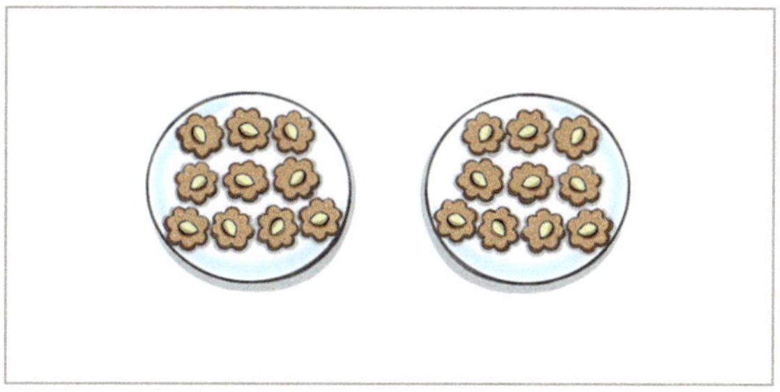

20 : 2 = ____

Auf jedem Teller sind ____ Kekse.

c)

12 : 4 = ____

Auf jedem Teller sind ____ Kekse.

d)

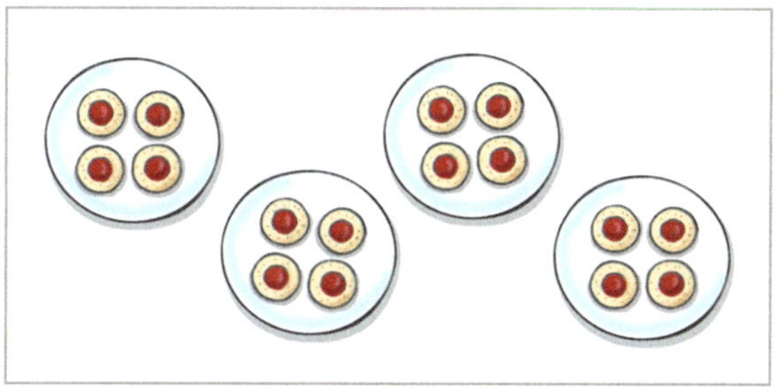

16 : 4 = ____

Auf jedem Teller sind ____ Kekse.

2 Wie wurde verteilt?
Wie viele Kekse sind auf jedem Teller?

a)

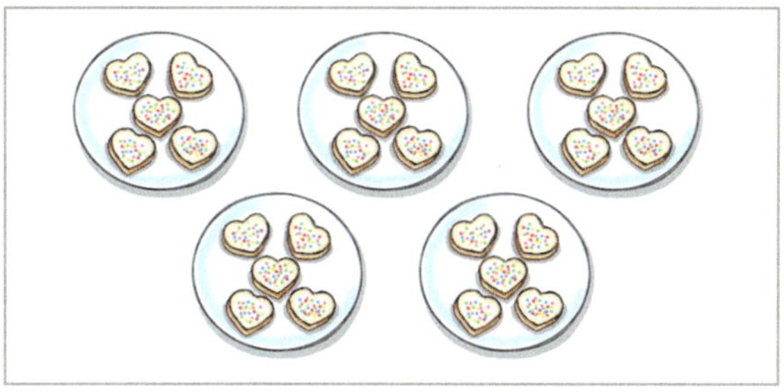

25 : 5 = ____

Auf jedem Teller sind ____ Kekse.

b)

14 : 7 = ____

Auf jedem Teller sind ____ Kekse.

QR-Code: Erklärvideo nutzen.

Dividieren
Verteilen

1 Wie wurde verteilt?
Wie viele Kekse sind auf jedem Teller?

a)

16 : 8 = ____

Auf jedem Teller sind ____ Kekse.

b)

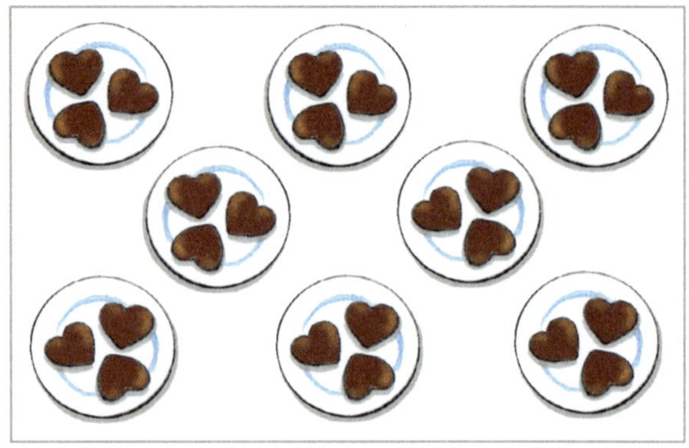

24 : 8 = ____

Auf jedem Teller sind ____ Kekse.

c)

18 : 9 = ____

Auf jedem Teller sind ____ Kekse.

d)

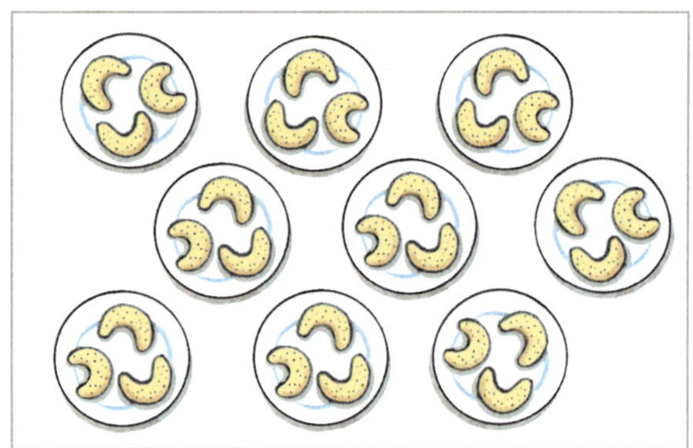

27 : 9 = ____

Auf jedem Teller sind ____ Kekse.

e)

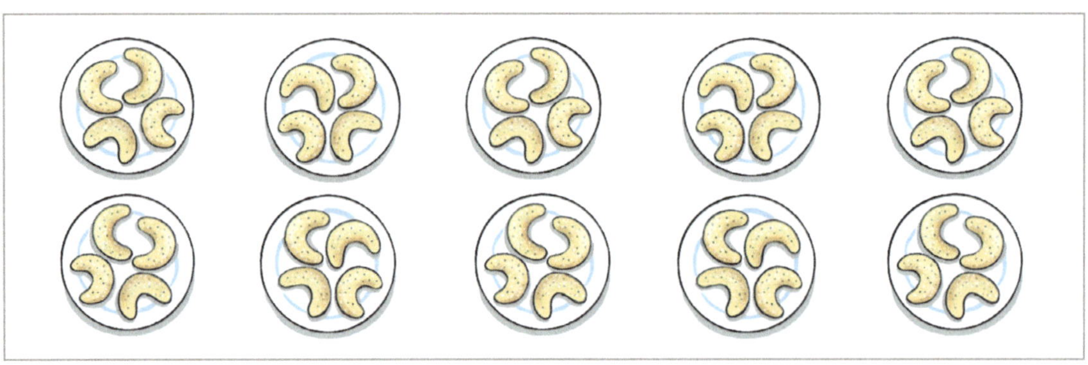

40 : 10 = ____

Auf jedem Teller sind ____ Kekse.

QR-Code: Erklärvideo nutzen.

1 a)

1 · 4 = ____
2 · 4 = ____
5 · 4 = ____
10 · 4 = ____

b)

1 · 8 = ____
2 · 8 = ____
5 · 8 = ____
10 · 8 = ____

c)

1 · 5 = ____
2 · 5 = ____
5 · 5 = ____
10 · 5 = ____

d)

1 · 10 = ____
2 · 10 = ____
5 · 10 = ____
10 · 10 = ____

2 Rechne mithilfe der Kernaufgaben.

a)

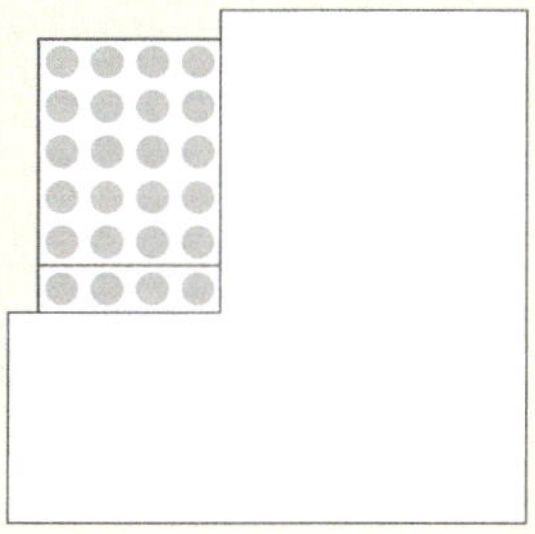

6 · 4

5 · 4 = ____
1 · 4 = ____
6 · 4 = ____

b)

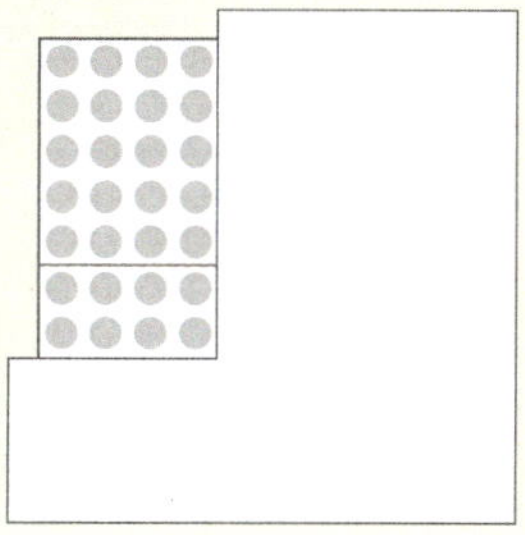

7 · 4

5 · 4 = ____
2 · 4 = ____
7 · 4 = ____

3 a) 5 · 4 = ____
4 · 4 = ____

b) 2 · 4 = ____
3 · 4 = ____

c) 10 · 4 = ____
9 · 4 = ____

d) 5 · 4 = ____
6 · 4 = ____

4 Rechne mithilfe der Kernaufgaben.

a)

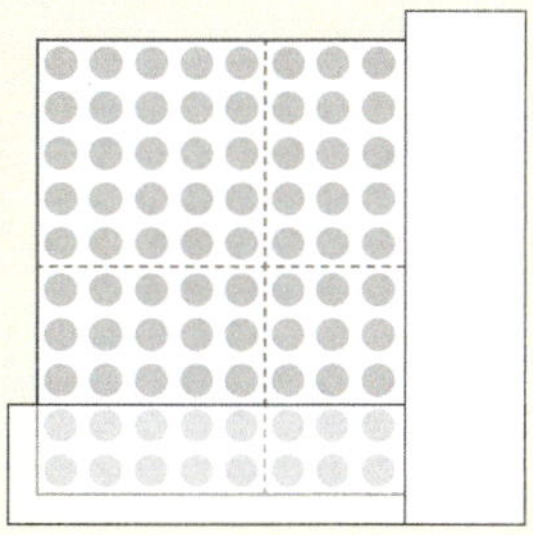

8 · 8

10 · 8 = ____
2 · 8 = ____
8 · 8 = ____

b)

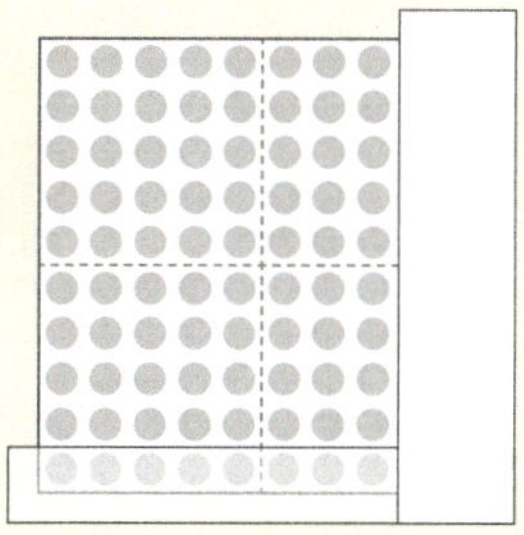

9 · 8

10 · 8 = ____
1 · 8 = ____
9 · 8 = ____

Umkehraufgaben

1 a)

6 : 2 = 3 denn 3 · 2 = 6

b)

6 : 3 = 2 denn ___ · 3 = 6

2 a)

8 : 2 = 4 denn ___ · 2 = 8

b)

8 : 4 = ___ denn ___ · 4 = 8

3 a)

10 : 2 = ___ denn ___ · 2 = 10

b)

10 : 5 = ___ denn ___ · 5 = 10

QR-Code: Erklärvideo nutzen.

1 a)

$12 : 2 =$ ____ denn ____ $\cdot 2 = 12$

b)

$12 : 3 =$ ____ denn ____ $\cdot 3 = 12$

2 a)

$12 : 4 =$ ____ denn ____ $\cdot 4 = 12$

b)

$12 : 6 =$ ____ denn ____ $\cdot 6 = 12$

3 a)

$2 : 2 =$ 1 denn 1 $\cdot 2 = 2$
$4 : 2 =$ ____ denn ____ $\cdot 2 = 4$
$6 : 2 =$ ____ denn ____ $\cdot 2 = 6$
$8 : 2 =$ ____ denn ____ $\cdot 2 = 8$

b)

$5 : 5 =$ ____ denn ____ $\cdot 5 = 5$
$10 : 5 =$ ____ denn ____ $\cdot 5 = 10$
$15 : 5 =$ ____ denn ____ $\cdot 5 = 15$
$20 : 5 =$ ____ denn ____ $\cdot 5 = 20$

QR-Code: Erklärvideo nutzen.

1 Wie viele Netze sind es jeweils?

a)

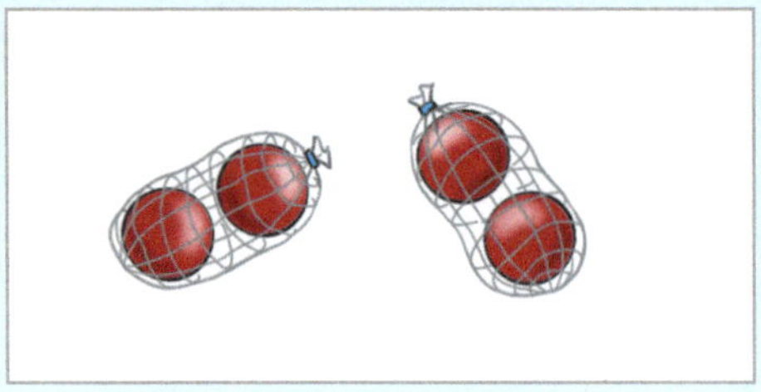

4 : 2 = ____

Es sind ____ Netze.

b)

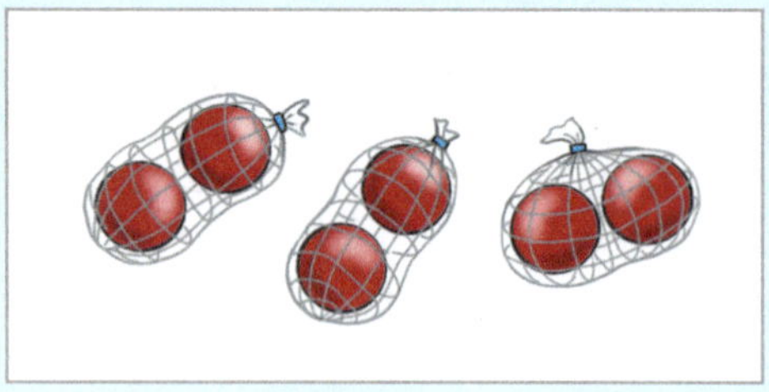

6 : 2 = ____

Es sind ____ Netze.

2 Wie wurde verteilt?
Wie viele Kekse sind auf jedem Teller?

a)

6 : 3 = ____

Auf jedem Teller sind ___ Kekse.

b)

9 : 3 = ____

Auf jedem Teller sind ___ Kekse.

3

8 : 4 = ____ denn ____ · 4 = 8

Zuerst Aufgaben lösen, dann selbst einschätzen.

1 Kernaufgaben

1 · 3 = ____
2 · 3 = ____
5 · 3 = ____
10 · 3 = ____

2 Rechne mithilfe der Kernaufgaben.

a)
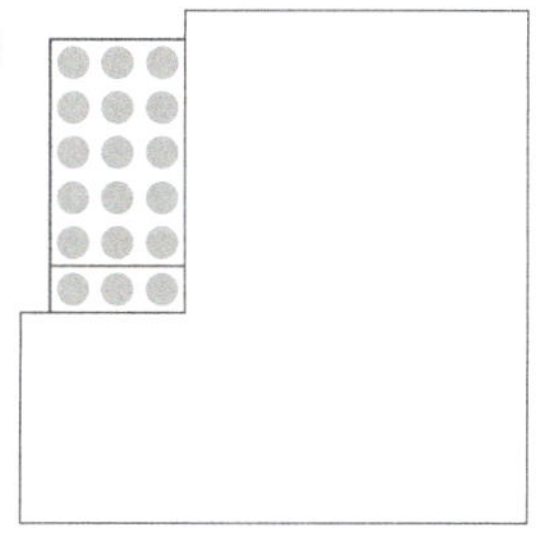

6 · 3

5 · 3 = ____
1 · 3 = ____
6 · 3 = ____

b)
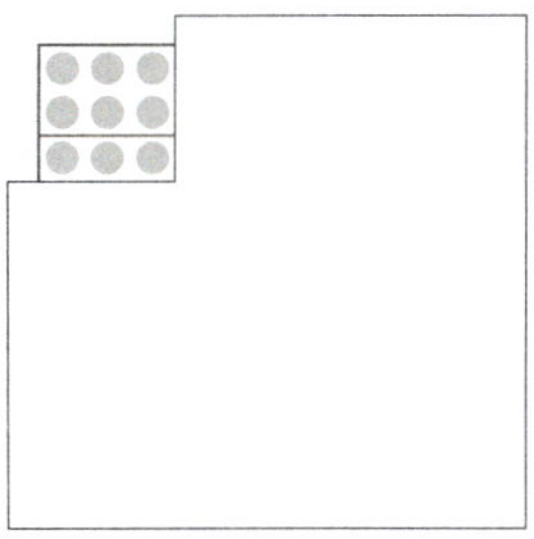

3 · 3

2 · 3 = ____
1 · 3 = ____
3 · 3 = ____

c)
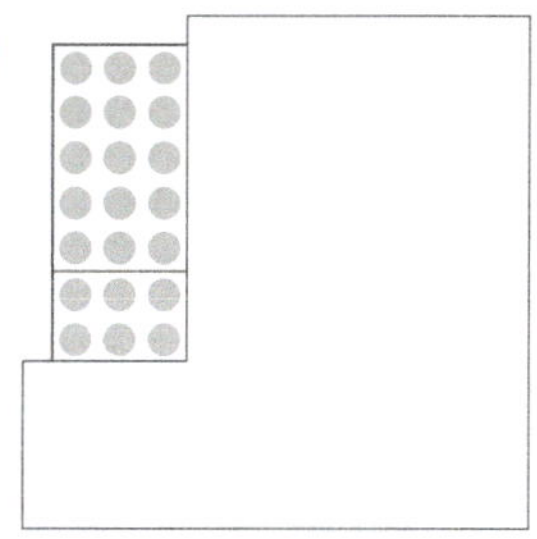

7 · 3

5 · 3 = ____
2 · 3 = ____
7 · 3 = ____

3 Rechne mithilfe der Kernaufgaben.

a)
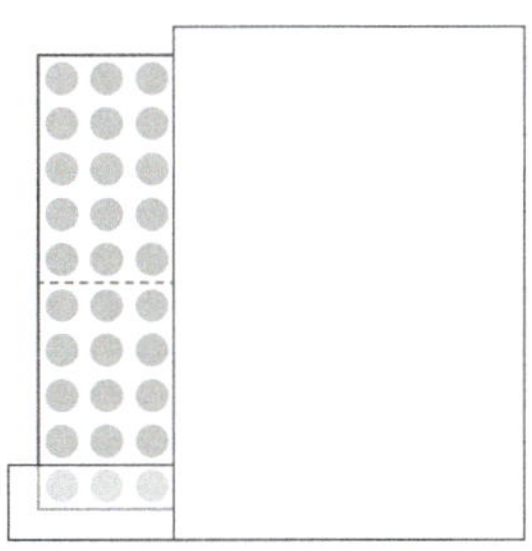

9 · 3

10 · 3 = ____
1 · 3 = ____
9 · 3 = ____

b)
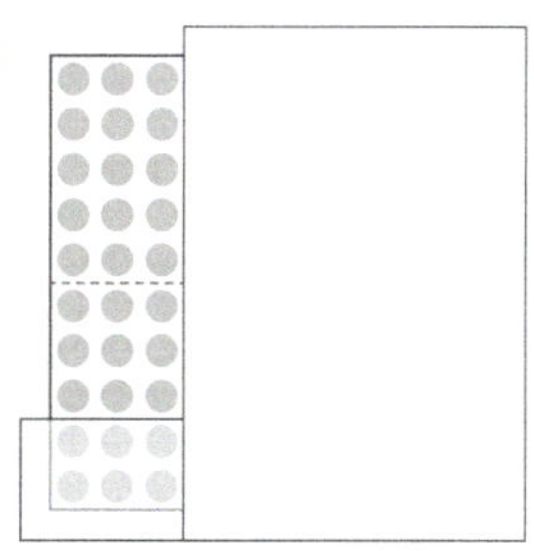

8 · 3

10 · 3 = ____
2 · 3 = ____
8 · 3 = ____

c)
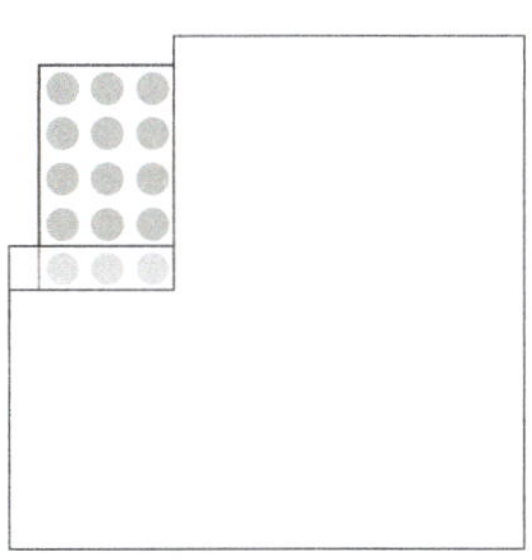

4 · 3

5 · 3 = ____
1 · 3 = ____
4 · 3 = ____

4 a) 2 · 3 = ____
3 · 3 = ____

5 · 3 = ____
6 · 3 = ____

b) 5 · 3 = ____
4 · 3 = ____

10 · 3 = ____
9 · 3 = ____

Evtl. Material nutzen.

1 Kernaufgaben

1 · 6 = ___

2 · 6 = ___

5 · 6 = ___

10 · 6 = ___

2 Rechne mithilfe der Kernaufgaben.

a) 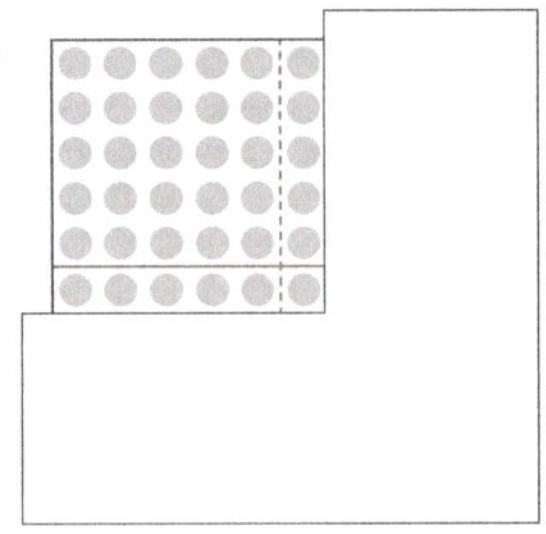

6 · 6

5 · 6 = ___
1 · 6 = ___
6 · 6 = ___

b) 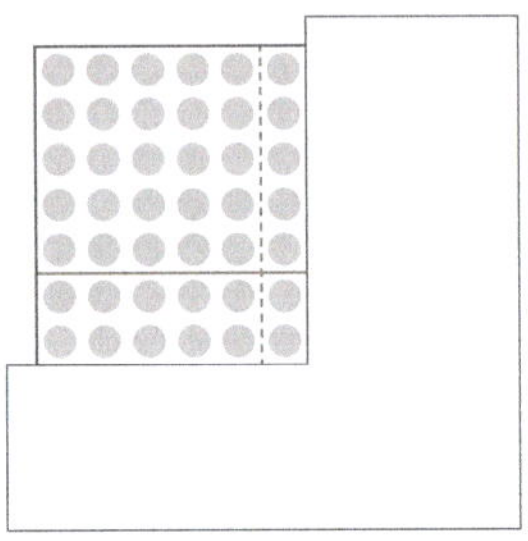

7 · 6

5 · 6 = ___
2 · 6 = ___
7 · 6 = ___

c) 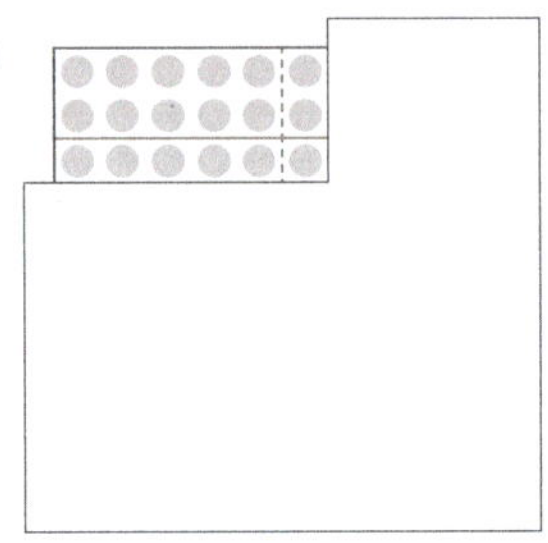

3 · 6

2 · 6 = ___
1 · 6 = ___
3 · 6 = ___

3 Rechne mithilfe der Kernaufgaben.

a) 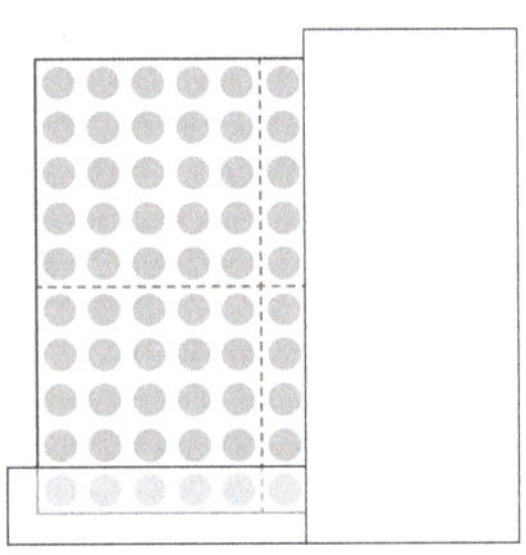

9 · 6

10 · 6 = ___
1 · 6 = ___
9 · 6 = ___

b) 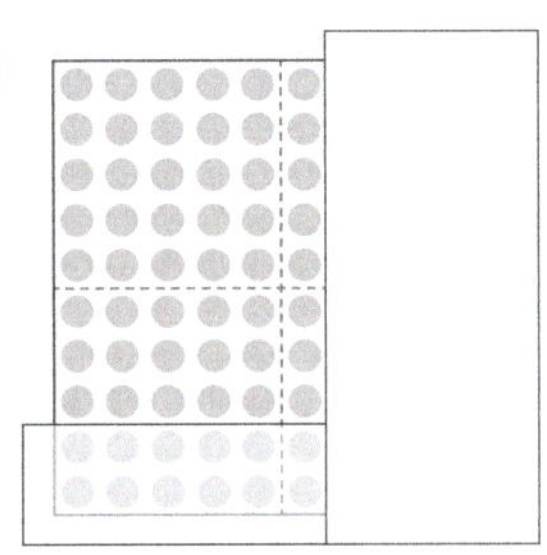

8 · 6

10 · 6 = ___
2 · 6 = ___
8 · 6 = ___

c) 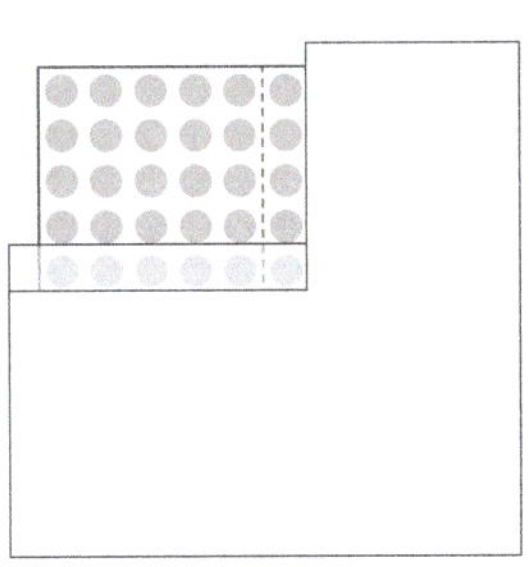

4 · 6

5 · 6 = ___
1 · 6 = ___
4 · 6 = ___

4

a) 2 · 6 = ___
3 · 6 = ___

5 · 6 = ___
6 · 6 = ___

b) 5 · 6 = ___
4 · 6 = ___

10 · 6 = ___
9 · 6 = ___

Evtl. Material nutzen.

1 Kernaufgaben

1 · 9 = ___
2 · 9 = ___
5 · 9 = ___
10 · 9 = ___

2 Rechne mithilfe der Kernaufgaben.

a) 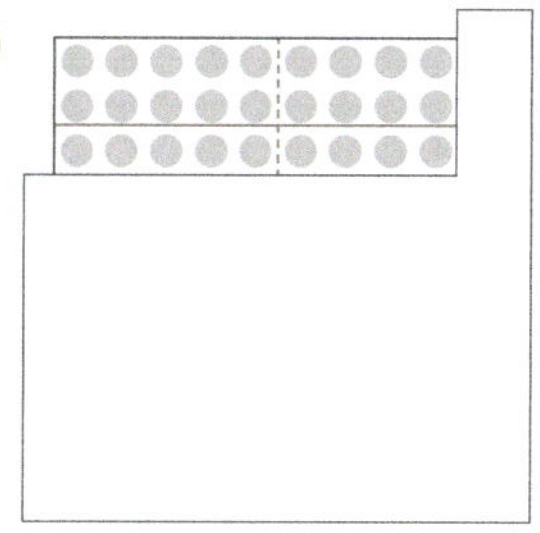

3 · 9

2 · 9 = ___
1 · 9 = ___
3 · 9 = ___

b) 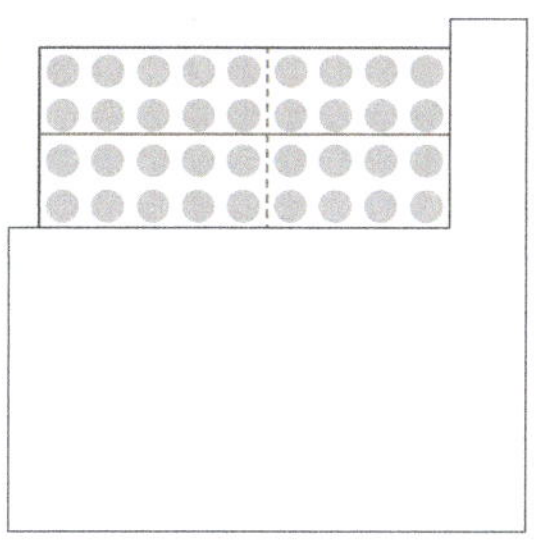

4 · 9

2 · 9 = ___
2 · 9 = ___
4 · 9 = ___

c) 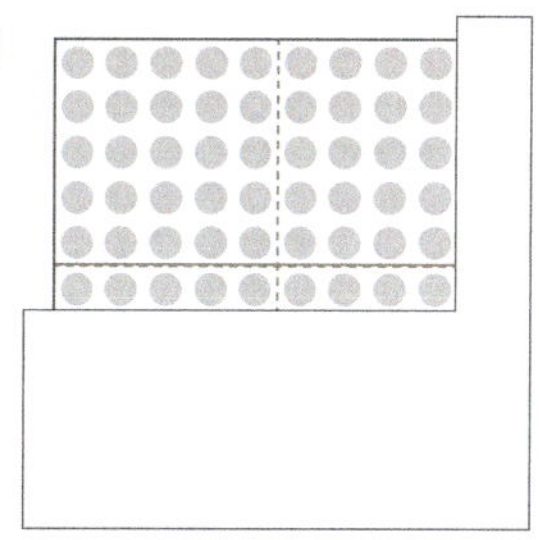

6 · 9

5 · 9 = ___
1 · 9 = ___
6 · 9 = ___

3 Rechne mithilfe der Kernaufgaben.

a) 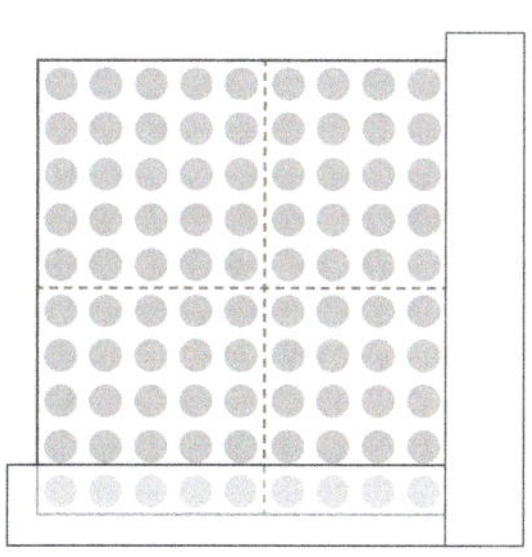

9 · 9

10 · 9 = ___
1 · 9 = ___
9 · 9 = ___

b) 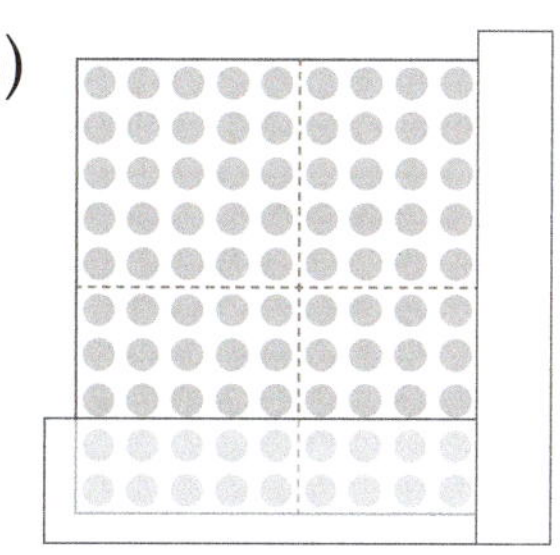

8 · 9

10 · 9 = ___
2 · 9 = ___
8 · 9 = ___

c) 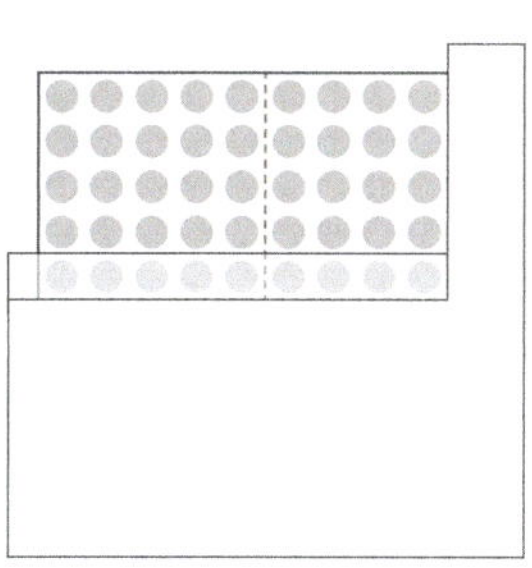

4 · 9

5 · 9 = ___
1 · 9 = ___
4 · 9 = ___

4 a) 2 · 9 = ___
3 · 9 = ___

5 · 9 = ___
6 · 9 = ___

b) 5 · 9 = ___
4 · 9 = ___

10 · 9 = ___
9 · 9 = ___

Evtl. Material nutzen.

Einmaleins

Einmaleins mit 7

1 Kernaufgaben

1 · 7 = ____

2 · 7 = ____

5 · 7 = ____

10 · 7 = ____

2 Rechne mithilfe der Kernaufgaben.

a)

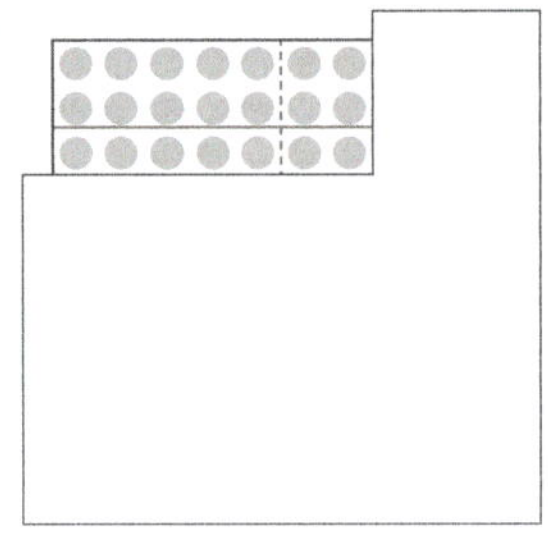

3 · 7

2 · 7 = ____

1 · 7 = ____

3 · 7 = ____

b)

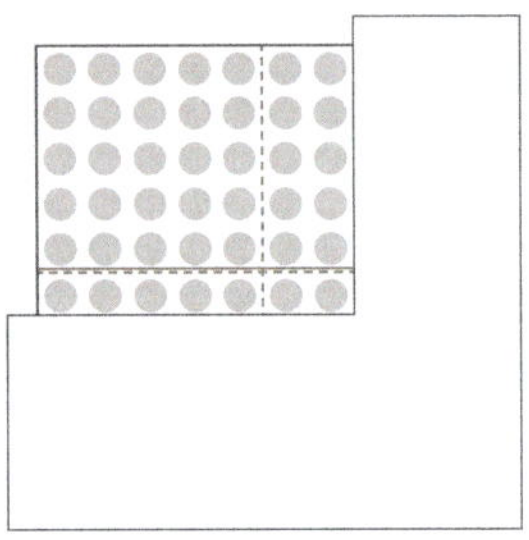

6 · 7

5 · 7 = ____

1 · 7 = ____

6 · 7 = ____

c)

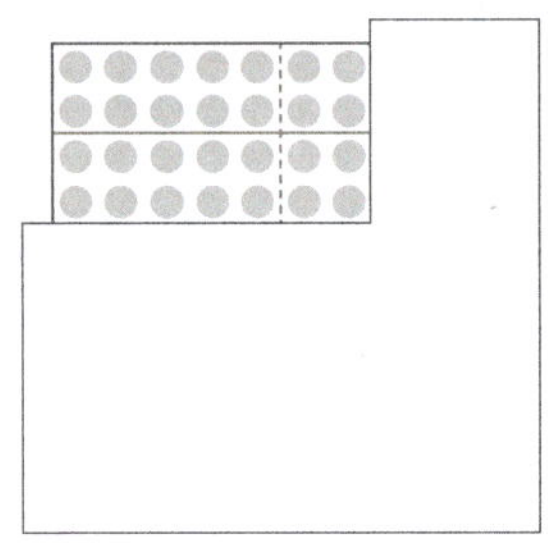

4 · 7

2 · 7 = ____

2 · 7 = ____

4 · 7 = ____

3 Rechne mithilfe der Kernaufgaben.

a)

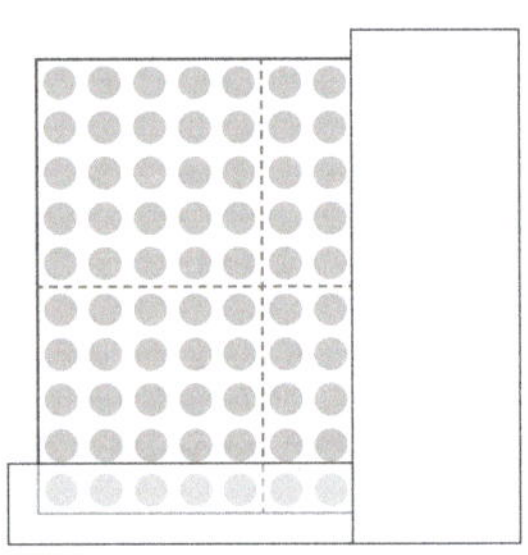

9 · 7

10 · 7 = ____

1 · 7 = ____

9 · 7 = ____

b)

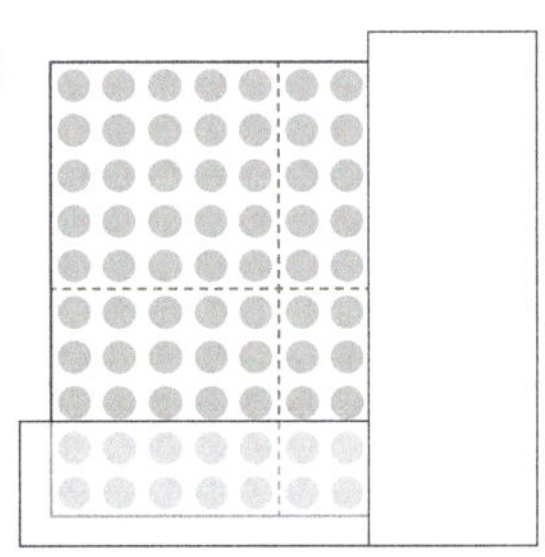

8 · 7

10 · 7 = ____

2 · 7 = ____

8 · 7 = ____

c)

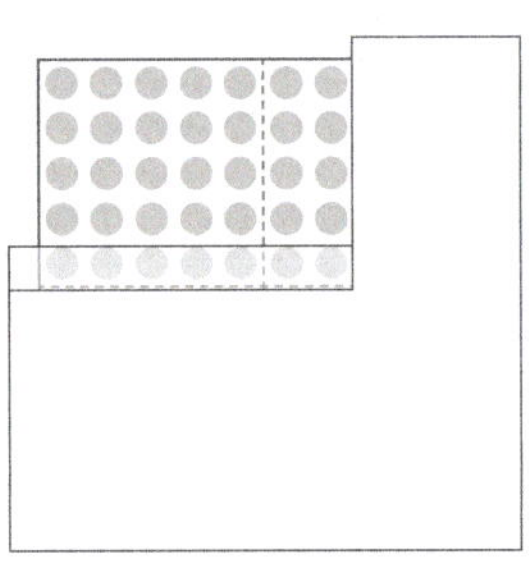

4 · 7

5 · 7 = ____

1 · 7 = ____

4 · 7 = ____

4 a) 2 · 7 = ____

3 · 7 = ____

5 · 7 = ____

6 · 7 = ____

b) 5 · 7 = ____

4 · 7 = ____

10 · 7 = ____

9 · 7 = ____

Evtl. Material nutzen.

1 a)
1 · 3 = ____
2 · 3 = ____
5 · 3 = ____
10 · 3 = ____

b)
1 · 6 = ____
2 · 6 = ____
5 · 6 = ____
10 · 6 = ____

c)
1 · 9 = ____
2 · 9 = ____
5 · 9 = ____
10 · 9 = ____

2 a)
5 · 3 = ____
4 · 3 = ____

10 · 3 = ____
9 · 3 = ____

b)
2 · 6 = ____
3 · 6 = ____

5 · 6 = ____
6 · 6 = ____

3 Rechne mithilfe der Kernaufgaben.

a)
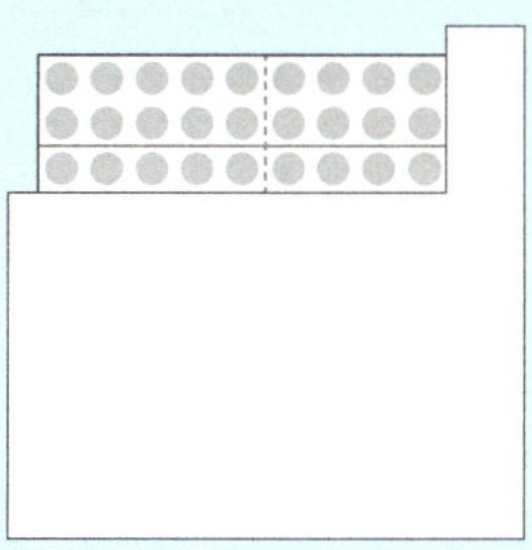

3 · 9

2 · 9 = ____
1 · 9 = ____
3 · 9 = ____

b)
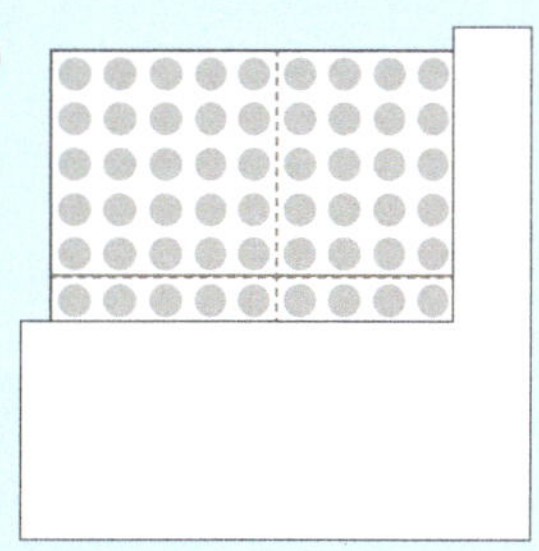

6 · 9

5 · 9 = ____
1 · 9 = ____
6 · 9 = ____

4 Rechne mithilfe der Kernaufgaben.

a)
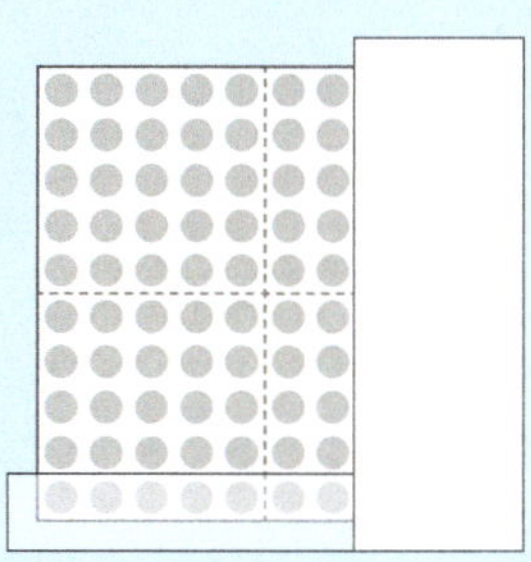

9 · 7

10 · 7 = ____
1 · 7 = ____
9 · 7 = ____

b)
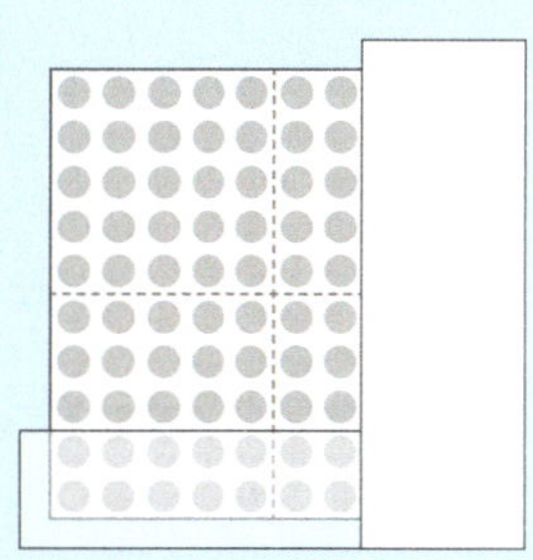

8 · 7

10 · 7 = ____
2 · 7 = ____
8 · 7 = ____

Zuerst Aufgaben lösen, dann selbst einschätzen.

1

a)
$1 \cdot 2 =$ ____
$2 \cdot 2 =$ ____
$5 \cdot 2 =$ ____
$10 \cdot 2 =$ ____

b)
$1 \cdot 3 =$ ____
$2 \cdot 3 =$ ____
$5 \cdot 3 =$ ____
$10 \cdot 3 =$ ____

c)
$1 \cdot 4 =$ ____
$2 \cdot 4 =$ ____
$5 \cdot 4 =$ ____
$10 \cdot 4 =$ ____

d)
$1 \cdot 5 =$ ____
$2 \cdot 5 =$ ____
$5 \cdot 5 =$ ____
$10 \cdot 5 =$ ____

e)
$1 \cdot 6 =$ ____
$2 \cdot 6 =$ ____
$5 \cdot 6 =$ ____
$10 \cdot 6 =$ ____

f)
$1 \cdot 7 =$ ____
$2 \cdot 7 =$ ____
$5 \cdot 7 =$ ____
$10 \cdot 7 =$ ____

g)
$1 \cdot 8 =$ ____
$2 \cdot 8 =$ ____
$5 \cdot 8 =$ ____
$10 \cdot 8 =$ ____

h)
$1 \cdot 9 =$ ____
$2 \cdot 9 =$ ____
$5 \cdot 9 =$ ____
$10 \cdot 9 =$ ____

i)
$1 \cdot 10 =$ ____
$2 \cdot 10 =$ ____
$5 \cdot 10 =$ ____
$10 \cdot 10 =$ ____

2

a)
$2 \cdot 2 =$ ____
$3 \cdot 2 =$ ____

$5 \cdot 2 =$ ____
$6 \cdot 2 =$ ____

$10 \cdot 2 =$ ____
$9 \cdot 2 =$ ____

b)
$2 \cdot 3 =$ ____
$3 \cdot 3 =$ ____

$5 \cdot 3 =$ ____
$6 \cdot 3 =$ ____

$10 \cdot 3 =$ ____
$9 \cdot 3 =$ ____

c)
$2 \cdot 5 =$ ____
$3 \cdot 5 =$ ____

$5 \cdot 5 =$ ____
$6 \cdot 5 =$ ____

$10 \cdot 5 =$ ____
$9 \cdot 5 =$ ____

1

a)
$2 \cdot 2 =$ ____
$10 \cdot 2 =$ ____
$1 \cdot 2 =$ ____
$5 \cdot 2 =$ ____

b)
$2 \cdot 3 =$ ____
$10 \cdot 3 =$ ____
$1 \cdot 3 =$ ____
$5 \cdot 3 =$ ____

c)
$2 \cdot 4 =$ ____
$10 \cdot 4 =$ ____
$1 \cdot 4 =$ ____
$5 \cdot 4 =$ ____

d)
$1 \cdot 10 =$ ____
$10 \cdot 10 =$ ____
$5 \cdot 10 =$ ____
$2 \cdot 10 =$ ____

e)
$2 \cdot 5 =$ ____
$10 \cdot 5 =$ ____
$1 \cdot 5 =$ ____
$5 \cdot 5 =$ ____

f)
$10 \cdot 7 =$ ____
$5 \cdot 7 =$ ____
$2 \cdot 7 =$ ____
$1 \cdot 7 =$ ____

g)
$1 \cdot 8 =$ ____
$10 \cdot 8 =$ ____
$5 \cdot 8 =$ ____
$2 \cdot 8 =$ ____

h)
$2 \cdot 6 =$ ____
$10 \cdot 6 =$ ____
$5 \cdot 6 =$ ____
$1 \cdot 6 =$ ____

i)
$1 \cdot 9 =$ ____
$2 \cdot 9 =$ ____
$10 \cdot 9 =$ ____
$5 \cdot 9 =$ ____

2

a)
$2 \cdot 4 =$ ____
$3 \cdot 4 =$ ____

$5 \cdot 4 =$ ____
$6 \cdot 4 =$ ____

$10 \cdot 4 =$ ____
$9 \cdot 4 =$ ____

b)
$2 \cdot 7 =$ ____
$3 \cdot 7 =$ ____

$5 \cdot 7 =$ ____
$6 \cdot 7 =$ ____

$10 \cdot 7 =$ ____
$9 \cdot 7 =$ ____

c)
$2 \cdot 6 =$ ____
$3 \cdot 6 =$ ____

$5 \cdot 6 =$ ____
$6 \cdot 6 =$ ____

$10 \cdot 6 =$ ____
$9 \cdot 6 =$ ____

1 a)

6 : 2 = ____ denn ____ · 2 = 6

b)

6 : 3 = ____ denn ____ · 3 = 6

2 a)

12 : 4 = ____ denn ____ · 4 = 12

b)

12 : 2 = ____ denn ____ · 2 = 12

3 a)

10 : 10 = ____ denn ____ · 10 = 10
20 : 10 = ____ denn ____ · 10 = 20
50 : 10 = ____ denn ____ · 10 = 50
100 : 10 = ____ denn ____ · 10 = 100

b)

4 : 4 = ____ denn ____ · 4 = 4
8 : 4 = ____ denn ____ · 4 = 8
20 : 4 = ____ denn ____ · 4 = 20
40 : 4 = ____ denn ____ · 4 = 40

c)

3 : 3 = ____ denn ____ · 3 = 3
6 : 3 = ____ denn ____ · 3 = 6
15 : 3 = ____ denn ____ · 3 = 15
30 : 3 = ____ denn ____ · 3 = 30

d)

2 : 2 = ____ denn ____ · 2 = 2
4 : 2 = ____ denn ____ · 2 = 4
10 : 2 = ____ denn ____ · 2 = 10
20 : 2 = ____ denn ____ · 2 = 20